定期テスト **ズバリ**よくでる **音楽** **全教科書版** 音楽1〜3年

教育芸術社発行の「中学生の音楽」を参考に編集してあります。

もくじ

JN078283

【写真提供】
関西フィルハーモニー管弦楽団（撮影：山本成雄, 樋川智昭）／東京・春・音楽祭実行委員会（撮影：青柳 聡）／宮内庁式部職楽部／国立劇場／国立能楽堂／国立文楽劇場／人形浄瑠璃文楽座／公益社団法人能楽協会／菊塚家・常光院／株式会社ヤマハミュージックジャパン／釣谷真弓／長谷麻矢

※日本音楽監修：釣谷真弓　　JASRAC 出 2100585-101

Step 1 **基本チェック** ・・・ ウィール ファインド ザ ウェイ **We'll Find The Way** 〜はるかな道へ ⏱ 10分

■ 赤シートを使って答えよう！

❶ 曲のポイント

□ 作詞・作曲者：杉本竜一（すぎもとりゅういち）

□ 調：〔 ハ長調 〕… 調号がつかない長調。

□ 拍子（ひょうし）：〔 4分の4拍子 〕…〔 4 〕分音符（ぶ）を1拍（ぱく）として，1小節が4拍になっている。

□ 速度：♩=112〜120 …〔 1 〕分間に4分音符を〔 112 〜 120 〕打つ速さ。

❷ 使われている音楽記号

	記号	読み方	意味
□	*mp*	メッゾ ピアノ	少し弱く
□	*f*	フォルテ	強く
□	（タイの記号）	タイ	隣り合った同じ高さの音符を〔 つなぎ 〕，1つの音に（とな）
□	（クレシェンドの記号）	クレシェンド	だんだん強く

❸ 音の重なり方

2つのパートが〔 かけ合い 〕をしている。

2つのパートが同じ〔 リズム 〕で，同じ音を歌っている。

❹ コードネーム

□ 和音の呼び方の一種。和音をつくる音の英語音名や数字などで示す。

〔 C 〕　Em　〔 F 〕　〔 G 〕　Am

✏ テストに出る　コードネームについてしっかり確認しておこう。

Step 2 予想問題　**We'll Find The Way** 〜はるかな道へ　15分

❶ この曲の冒頭(ぼうとう)の楽譜(がくふ)を見て，あとの問いに答えなさい。

い　ま　－わたした　ちは　　は　る　かな－みち　を

□ ❶ **A**が示しているこの曲の速さについて，正しいものを㋐〜㋒から選びなさい。

㋐　1分間に8分音符を112〜120打つ速さ

㋑　112〜120秒の間に4小節を演奏する速さ

㋒　1分間に4分音符を112〜120打つ速さ　　　　　　（　　　　）

□ ❷ この曲の調を書きなさい。　　　　　　　　　　　　　　（　　　　）

□ ❸ この曲の旋律(せんりつ)は，1小節の中の何拍目から始まっていますか。　　　　（　　　　）拍目

□ ❹ ①〜④の記号のことを何といいますか。カタカナで答えなさい。（　　　　）

□ ❺ ①〜④の記号が表す和音として正しいものを㋐〜㋔から選びなさい。

①（　　　）
②（　　　）
③（　　　）
④（　　　）

❷ この曲の中間部分の楽譜を見て，あとの問いに答えなさい。

Wo, oh, oh, oh——　　　ぼくたちのじ　だ　いは－

Wo, oh, oh, oh——　　　じ　だ　いは

□ ❶ この部分の音の重なり方を説明しているものを㋐〜㋒から選びなさい。（　　　）

㋐　2つのパートが同じリズムで同じ音を歌っている。

㋑　2つのパートが重なりあって和音をつくっている。

㋒　2つのパートがかけ合いをしている。

□ ❷ **A**の記号の読み方と意味を書きなさい。

読み方（　　　　　　　　）　意味（　　　　　　）

□ ❸ ①・②の休符と同じ長さの音符を㋐〜㋒から選びなさい。　①（　　　）

㋐　♩　　㋑　♩　　㋒　♪　　　　　　②（　　　）

ヒント ❶❸ 4分の4拍子は，1小節の中に4分音符が4つ分入るね。

[解答 ▶p.1]　　3

基本チェック ‥‥ 主人は冷たい土の中に（静かに眠れ） 10分

■ 赤シートを使って答えよう！

❶ 曲のポイント

あ　おくはれた　そ　ら

□ 作曲者：［ フォスター ］‥‥アメリカの作曲家。

□ 調：［ ハ長調 ］‥‥調号がつかない長調。

□ 拍子：［ ４分の４拍子 ］‥‥４分音符を１拍として，１小節が ［ ４ ］ 拍になっている。

□ 速度：**Andante** ‥‥ 読み方は ［ アンダンテ ］

　　　　　　　　　　　意味は「 ［ ゆっくり ］ 歩くような速さで」。

□ 形式：［ 二部 ］ 形式‥‥［ ４ ］ 小節を１つのフレーズとして，A（a－a'）B（b－a'）という大きな ［ ２ ］ つのまとまりでできている。

a （楽譜） 続く感じ

a' （楽譜） 終わる感じ

b （楽譜） ［ 続く感じ ］

a' （楽譜） ［ 終わる感じ ］

❷ 使われている音楽記号

	記号	読み方	意味
□	*mp*	メッゾ ピアノ	少し弱く
□	*mf*	メッゾ フォルテ	少し強く
□	⌢	フェルマータ	その音符(休符)を ［ ほどよく延ばして ］

□ ❸ アルトリコーダーの運指

（楽譜）［ ア ］　（楽譜）［ エ ］

（楽譜）［ ウ ］　（楽譜）［ イ ］

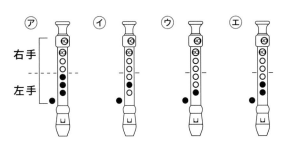

㋐　㋑　㋒　㋓

右手

左手

Step 2 予想問題 ・ **主人は冷たい土の中に（静かに眠れ）** 15分

❶ この曲の冒頭（ぼうとう）の楽譜（がくふ）を見て，あとの問いに答えなさい。

☐ ❶ この曲は何分の何拍子ですか。1小節目に拍子記号を書きなさい。

☐ ❷ この曲は何調ですか。　　　　　　　　　　　　　　　　（　　　　　　　　　　）

☐ ❸ ①・②の記号の読み方を書きなさい。また，意味を㋐〜㋓から選びなさい。

　　　　①読み方（　　　　　　　　　）　意味（　　　）

　　　　②読み方（　　　　　　　　　）　意味（　　　）

　　　㋐　やや速く　　㋑　ゆっくり歩くような速さで　　㋒　少し弱く　　㋓　少し強く

☐ ❹ Aの部分の階名を書きなさい。　　　　　　　　　　　　（　　　　　　　　　　）

☐ ❺ Aの最後の音は，続く感じか終わる感じか答えなさい。　（　　　　　　　　　　）

❷ この曲の最後の部分の楽譜を見て，あとの問いに答えなさい。

☐ ❶ 「ねむれよしずかに」の歌い方として適しているものを，㋐〜㋒から選びなさい。

　　㋐　「しずかに」の「に」の音を，強く目立たせて歌う。

　　㋑　「しずかに」の「に」の音を，ほどよく延ばして歌う。

　　㋒　「しずかに」の「に」の音を，短く切って歌う。　　　　　　　（　　　）

☐ ❷ この曲で歌われている情景としてあてはまるものを，㋐〜㋒から選びなさい。

　　㋐　幼い子どもを寝かしつけようとしている母親の様子

　　㋑　つらい仕事が終わり，ほっとしている様子

　　㋒　優しかった主人の死をなげき，祈る様子　　　　　　　　　　（　　　）

☐ ❸ ①・②の音をアルトリコーダーで
吹くときに，閉じる穴をぬりなさい。

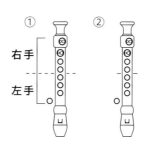

Step 1 基本チェック ● 浜辺（はまべ）の歌

⏱ 10分

■ 赤シートを使って答えよう！

あ し た─は まー べ ─ を

❶ 曲のポイント

- ☐ 作詞者： [林古溪（はやしこけい）]…国文学者・漢文学者としても活躍（かつやく）。
- ☐ 作曲者： [成田為三（なりたためぞう）]…数多くの親しみやすい童謡（どうよう）などを作曲。
- ☐ 調： [ヘ長調]…♭ が 1 つの長調。
- ☐ 拍子（ひょうし）： [8 分の 6 拍子]…[8] 分音符（おんぷ）を 1 拍（はく）として，1 小節が 6 拍になっている。
  [3] 拍分をまとめてとらえ，大きく 2 拍子として演奏する。
- ☐ 速度： ♩=104~112 …[1] 分間に 8 分音符を [104 ～ 112] 打つ速さ。
- ☐ 形式： [二部] 形式…A（a－a'）B（b－a'）という大きな [2] つのまとまり。

❷ 使われている音楽記号

	記号	読み方	意味
☐	*rit.*	リタルダンド	だんだん遅（おそ）く
☐	（タイの譜例）	タイ	隣（とな）り合った同じ高さの音符を [つなぎ]，1 つの音 に
☐	（スラーの譜例）	スラー	高さの違（ちが）う 2 つ以上の音符を [滑（なめ）らか] に

❸ 歌詞の意味

- ☐ 「あした」…………… [朝]　　☐ 「ゆうべ」…………… [夕方]
- ☐ 「もとおれば」………… めぐれば，[さまよえば]

Step 2 予想問題　　浜辺の歌　　15分

❶ この曲の冒頭（ぼうとう）の楽譜（がくふ）を見て，あとの問いに答えなさい。

♪=104~112 優美に

- **❶** 作詞者名を書きなさい。（　　　　　　）
- **❷** 作曲者名を書きなさい。（　　　　　　）
- **❸** この曲は何分の何拍子ですか。1 小節目に入る拍子記号を楽譜の中に書きなさい。
- **❹** この曲の調を書きなさい。（　　　　　　）
- **❺** A・B の部分の長さはそれぞれ 8 分音符いくつ分になりますか。
  　　　　A（　　　　）つ分　　　B（　　　　）つ分
- **❻** ①の記号の読み方と意味を書きなさい。
  　　　　読み方（　　　　　　　　　）　意味（　　　　　）

❷ この曲の歌詞について答えなさい。

1．①あした浜辺を　さまよえば	2．ゆうべ浜辺を　②もとおれば
昔のことぞ　しのばるる	昔の人ぞ　しのばるる
風の音よ　[　A　]	寄する波よ　[　B　]
寄する波も　かいの色も	月の色も　星のかげも

- **❶** ①・②の意味を㋐～㋔から選びなさい。　　①（　　　）　②（　　　）
  　　㋐　朝　　㋑　通れば　　㋒　めぐれば　　㋓　明日　　㋔　愛した
- **❷** A・B に入る歌詞を書きなさい。　　A（　　　　　　　　　）
  　　　　　　　　　　　　　　　　　　　B（　　　　　　　　　）

❸ この曲の最後の部分の歌い方についてあとの問いに答えなさい。

よ　す　るーな　ーー　みーも　か　い　の　い　ろ　も　ー

- **❶** この部分の強弱について，正しいものを㋐～㋒から選びなさい。
  　　㋐最初は弱く，その後 4 小節かけて，曲の終わりに向かってだんだん強くしていく。
  　　㋑最初から最後まで，均等な強さでなめらかに歌う。
  　　㋒だんだん強くしたあとだんだん弱くするという変化を，2 小節ごとにくり返す。
- **❷** 「かいの色も」の速さは，どのように歌えばよいか書きなさい。
  　（　　　　　　　　　　　　　　　　　　　　　　）

✕ ミスに注意 ❶❺♫は，16 分音符が 2 つつながっているよ。

Step 1 基本チェック : 赤とんぼ

10分

■ 赤シートを使って答えよう!

❶ 曲のポイント

ゆうや　け　こやけーの

- □ 作詞者： 三木露風 …叙情的な作風の詩を多く残した。
- □ 作曲者： 山田耕筰 …日本に西洋音楽を根づかせた第一人者。
- □ 調： 変ホ長調 …♭が３つの長調。
- □ 拍子： 4 分の 3 拍子 …4分音符を１拍として，１小節が 3 拍になっている。
- □ 速度： ♩=58~63… 1 分間に4分音符を 58 ～ 63 打つ速さ。
- □ 形式： 一部 形式…大楽節（大きなまとまり）が１つの形式。

　　　a（１～４小節目）−b（５～８小節目）という小さな２つのまとまりで

　　　できている。

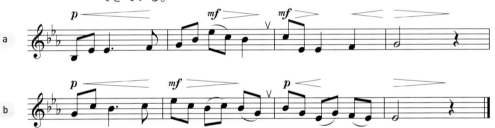

❷ 使われている音楽記号

	記号	読み方	意味
□	p	ピアノ	弱く
□	mf	メッゾ フォルテ	少し強く
□	<	クレシェンド	だんだん強く
□	>	デクレシェンド	だんだん弱く
□	スラー記号	スラー	高さの違う２つ以上の音符を 滑らか に

❸ 歌詞の意味と内容

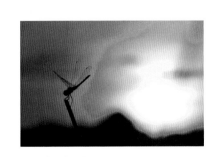

- □ 夕やけの空を飛ぶ赤とんぼを見た，幼い日々の 故郷 の
  思い出を歌っている。
- □「負われて」…………　背負われて
- □「姐や」……………　子守 に来ていた娘。
- □「お里のたより」……　ふるさと からの手紙。

Step 2 予想問題　**赤とんぼ**　15分

❶ この曲の冒頭（ぼうとう）の楽譜（がくふ）を見て，あとの問いに答えなさい。

□ ❶ 作詞者名を書きなさい。　　　　　　　　　　　　　　（　　　　　　　　　　）

□ ❷ 作曲者名を書きなさい。　　　　　　　　　　　　　　（　　　　　　　　　　）

□ ❸ この曲は何分の何拍子ですか。1 小節目に入る拍子記号を㋐～㋓から選びなさい。（　　　）

　　　㋐　$\frac{3}{8}$　　　㋑　$\frac{4}{4}$　　　㋒　$\frac{3}{4}$　　　㋓　$\frac{6}{8}$

□ ❹ この曲の調を書きなさい。また，その調で「ド」になる音を㋐～㋒から選びなさい。

　　　㋐　　　　　　㋑　　　　　　㋒　　　　　　　　　　調（　　　　　　　　　）

　　　　　　　　　　　　　　　　　　　　　　　　　　ドになる音（　　　　　　　）

□ ❺ この曲の速さとして適するものを㋐～㋒から選びなさい。　　　　　　　（　　　）

　　　㋐　♩=88~96　　　㋑　♩=126~138　　　㋒　♩=58~63

□ ❻ 上の楽譜の①・②に入る記号をそれぞれ㋐～㋒から選びなさい。

　　　㋐　　　　　　　㋑　　　　　　　㋒

　　　　　　　　　　　　　　　　　　　　　　①（　　　　）　②（　　　　）

□ ❼ 上の楽譜の旋律（せんりつ）の動きと強弱について，次の　　にあてはまる言葉を┊┊から選んで書きな

　　さい。

　　・始まりは弱く，音が上がるに従って（　　　　　　　　　　）なる。

　　・旋律の頂点は（　　　　　　　　　）で，そこから音が下がるに従って（　　　　　　　　）なる。

　　┌──────────────────────────────────────┐
　　│　メッゾ ピアノ　　　メッゾ フォルテ　　　だんだん弱く　　　だんだん強く　│
　　└──────────────────────────────────────┘

❷ 「赤とんぼ」の歌詞について答えなさい。

□ ❶ 次の歌詞の意味を書きなさい。

　　①　負われて　　　　　　　　　　　　　　（　　　　　　　　　　　　　　）

　　②　姐や　　　　　　　　　　　　　　　　（　　　　　　　　　　　　　　）

　　③　お里のたより　　　　　　　　　　　　（　　　　　　　　　　　　　　）

□ ❷ 歌詞にこめられた作詞者の気持ちを㋐～㋒から選びなさい。

　　㋐　小さな生き物や大自然を愛する気持ち。

　　㋑　幼い日々や故郷のことを懐かしく思う気持ち。

　　㋒　別れた姉にもう一度会いたいという気持ち。　　　　　　　　　　　（　　　）

⊗│ミスに注意　❶❹「ドになる音」は調の名前についている音だね！

Step 1 基本チェック ● Let's Search For Tomorrow
レッツ サーチ フォー トゥモロー

10分

■ 赤シートを使って答えよう！

❶ 曲のポイント

あした を さが そ う

- ☐ 作詞者：堀 徹（ほり とおる）　　☐ 作曲者：大澤徹訓（おおさわあきのり）
- ☐ 調：[八長調] … 調号がつかない長調。
- ☐ 拍子：[4 分の 4 拍子] … [4] 分音符を 1 拍として，1 小節が 4 拍になっている。
- ☐ 速度：♩=84~92 … [1] 分間に [4] 分音符を 84 ～ 92 打つ速さ。
- ☐ 合唱形態の変化：出だしは全員で同じ旋律を歌う斉唱，次に男声と女声に分かれる [混声二部] 合唱，さらに女声が二部に分かれて [混声三部] 合唱になる。

❷ 使われている音楽記号

	記号	読み方	意味
☐	***ff***	フォルティッシモ	とても強く
☐	*più* ***f***	ピウ フォルテ	[今までより] 強く
☐	*sempre*	センプレ	常に
☐	*rit.*	リタルダンド	だんだん遅く（おそ）
☐	*a tempo*	ア テンポ	もとの速さで
☐	*poco a poco*	ポーコ ア ポーコ	少しずつ
☐	*allarg.*	アッラルガンド	強くしながら [だんだん遅く]
☐	♪＞	アクセント	その音を [目立たせて，強調して]

たくさんの音楽記号が出てくるね。
表現に生かして歌おう。

☐ ❸ 反復のしかた

[1番] かっこ　　[2番] かっこ

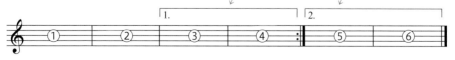

1. ① ② ③ ④ ：‖ 2. ⑤ ⑥

⇒演奏順序は　①⇒②⇒③⇒④⇒[①]⇒[②]⇒[⑤]⇒⑥　となる。

 テストに出る　音楽記号は曲を表現するために大切なもの。しっかり覚えておこう。

Step 2 | 予想問題 | **Let's Search For Tomorrow**

15分

❶ この曲の冒頭の楽譜を見て，あとの問いに答えなさい。

A

B

□ ❶ この曲は何分の何拍子ですか。分数の形で答えなさい。 (   )

□ ❷ この曲の速度について，適するものを次から選び，記号で答えなさい。 (   )

  ㋐ ♩=60   ㋑ ♩=84~92   ㋒ ♪=120

□ ❸ この曲を歌うときの指示について，適するものを次から選び，記号で答えなさい。(   )

  ㋐ 明るく決然と   ㋑ 優美に   ㋒ 重々しく

□ ❹ 次の文はAとBのどちらについて述べたものですか。AかBで答えなさい。

  ㋐ 全員で同じ旋律を歌っている。 (   )

  ㋑ 女声部が二部に分かれている。 (   )

  ㋒ ソプラノが主旋律を歌い，ほかのパートがハーモニーをつくっている。 (   )

❷ この曲の中間部分の楽譜を見て，あとの問いに答えなさい。

□ ❶ ○の部分の変化について述べた文です。( )の中の正しいほうに○をつけなさい。

  1小節ごとに，最初の音が1音ずつ（ 上がって   下がって ）いる。

□ ❷ 楽譜の中の( )の中に，それぞれの階名（ドレミ）を書きなさい。

□ ❸ ⬚ に適する強弱記号を次から選び，記号で答えなさい。 (   )

  ㋐ ◁——   ㋑ ——▷   ㋒ ◁——▷

❸ 次の強弱記号を，弱いほうからだんだん強くなるように，記号で並べかえなさい。

  ㋐ *mp*   ㋑ *mf*   ㋒ *f*   ㋓ *p*   ㋔ *ff*   ㋕ *pp*

□ 弱い (___ → ___ → ___ → ___ → ___) 強い

・・

ヒント ❸ *f* は「強く」，*p* は「弱く」。それぞれが重なると意味が強まるよ。*m* はメッゾで「少し」。

Step 1 **基本チェック** 　　　春 －第1楽章－　　　⏱ 10分

■ 赤シートを使って答えよう！

❶ 曲のポイント

☐ 作曲者：[ヴィヴァルディ]…[イタリア]のベネツィア生まれ。ヴァイオリン教師をしながら協奏曲を数多くつくり，「協奏曲の父」と呼ばれた。同時代のヘンデルや[バッハ]にも影響（えいきょう）を与えたといわれる。音楽史上では[バロック]の時代にあたる。

❷ 曲の種類と演奏形態・形式

☐ この曲は，『[四季]』という「春」「夏」「秋」「冬」の4曲からなる[協奏曲]の中の1曲目「春」の第1楽章である。

☐ 「春」は全3楽章の曲で，独奏[ヴァイオリン]，[弦楽合奏（げんがく）]，通奏低音（チェンバロなど）という編成で演奏される。

☐ 独奏ヴァイオリン奏者が[指揮者]に代わり全体をリードすることが多い。

☐ 第1楽章は，合奏の部分と[独奏]の部分が交互（こうご）に現れる形式である。この形式を[リトルネッロ]形式という。

❸ 曲の特徴（とくちょう）

☐ この曲の各部分には，その情景を表す[ソネット]という短い詩がついている。

●春がやって来た

●黒雲と稲妻（いなずま）が空を走り，雷鳴（らいめい）は春が来たことを告げる

❹ 速度記号

☐ Allegro…読み方：[アレグロ]　　意味：[速く]

❸詩の名前を何と呼ぶかはよく出題されるよ！

Step 2 予想問題　**春** −第1楽章−

15分

❶ この曲の作曲者について，次の問いに答えなさい。

□ **❶** 作曲者名を書きなさい。　　　　　　　　　　　　　　（　　　　　　）

□ **❷** 作曲者が生まれた国を次から選び，記号で答えなさい。　（　　　　　　）

　　　㋐　ドイツ　　㋑　フランス　　㋒　イタリア　　㋓　オーストリア

□ **❸** 作曲者が活躍した音楽史上の時代を次から選び，記号で答えなさい。

　　　㋐　バロック　　㋑　古典派　　㋒　ロマン派　　㋓　近・現代

□ **❹** 作曲者と同時代に活躍した作曲家を次から選び，記号で答えなさい。

　　　㋐　ショパンとリスト　　㋑　バッハとヘンデル　　㋒　ベートーヴェン

❷ この曲について，次の問いに答えなさい。

□ **❶** 第1楽章の中で，独奏楽器として，また指揮者の役割をすることも多い右の楽器名を答えなさい。

　（　　　　　　　　　　）

□ **❷** チェンバロ奏者が担当する役割を次から選び，記号で答えなさい。

　　　㋐　主な旋律　　㋑　副旋律　　㋒　通奏低音　　（　　　　）

□ **❸** この曲のように合奏と独奏が交互に現れる形式を何というか答えなさい。　（　　　　　　）形式

チェンバロ

❸ 「春」の楽譜を見て，次の問いに答えなさい。

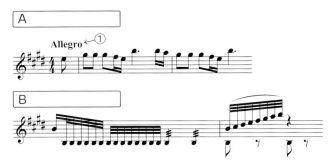

A

Allegro ←①

B

Bは音の激しい動きが楽譜に表れているね。

□ **❶** A B の部分に入る短い詩のことを何といいますか。　（　　　　　　）

□ **❷** A B それぞれの部分に入る短い詩を次から選び，記号で答えなさい。

　　　㋐　小鳥は楽しい歌で，春を歓迎する。　　㋑　春がやって来た。　　A（　　　）

　　　㋒　黒雲と稲妻が空を走り，雷鳴は春が来たことを告げる。　　B（　　　）

□ **❸** ①の記号の読み方と意味を答えなさい。

　　　　読み方（　　　　　　　）意味（　　　　　　　）

ヒント ❷❷通奏低音とは，楽譜に示されている低音の旋律の上に和音を加えて伴奏することだよ。

Step 1 基本チェック ● 魔王（まおう）

10分

■ 赤シートを使って答えよう！

❶ 曲のポイント

□ 作詞者：［ ゲーテ ］… ドイツ生まれ。文学者，詩人，戯曲家（ぎきょくか）など多彩な顔をもつ。

□ 作曲者：［ シューベルト ］… オーストリア生まれの作曲家。ロマン派の時代に活躍（かつやく）した。「魔王」は彼が 18 歳（さい）のときの作品。31 歳で亡くなるまで，歌曲以外にも管弦楽曲（かんげんがく）やピアノ曲など，多くの作品を残した。

□ 歌曲の種類：［ リート ］… ドイツ語による歌曲のこと。

□ 演奏形態：［ ピアノ ］の伴奏（ばんそう）と［ 独唱 ］（一人の歌唱）が一体となり，詩の内容や情景を表現する。歌い手は，語り手と［ 3 ］人の登場人物の計［ 4 ］人を歌い分ける。

□ 登場人物：語り手，［ 父 ］，［ 子 ］，［ 魔王 ］

Franz Schubert.

❷ あらすじ

□ 父は［ 子 ］を抱（だ）き［ 馬 ］に乗り，夜の森を館（やかた）へと急ぐ。［ 子 ］は［ 魔王 ］が自分をさらいに来たと［ 父 ］にうったえるが，［ 父 ］には［ 魔王 ］が見えない。館に着くと［ 子 ］は息絶えていた。

❸ 歌唱の特徴（とくちょう）

□ ［ 語り手 ］… 感情をおさえた声で物語の状況を伝える。

□ ［ 父 ］… 低い音域で，なだめるように落ち着いた声で歌う。

□ ［ 子 ］… しだいに音域が高くなり，最後は悲鳴に近くなる。

□ ［ 魔王 ］… 全部で３回現れる。初めはおだやかに，しだいに激しい歌い方になる。

子の音域の変化

お とう さん

お とう さん お とうさん

お とう さん お とうさん

お とう さん お とうさん

 テストに出る 作詞作曲者の名前・あらすじ・子の音域の変化はよく出題されるよ！

Step 2 予想問題 ： **魔王**

15分

❶ 「魔王」について，次の問いに答えなさい。

□ **❶** 作詞者名を書きなさい。（　　　　　　　）

□ **❷** 作曲者名と生まれた国を書きなさい。

作曲者（　　　　　　　　　）　生まれた国（　　　　　）

□ **❸** 作曲者が活躍した時代を次から選び，記号で答えなさい。

㋐ バロック　　㋑ ロマン派　　㋒ 近・現代

□ **❹** この曲の伴奏を **A** 〜 **C** から，歌の形態を㋐〜㋑から選び，それぞれ記号で答えなさい。

A オーケストラ　　**B** ピアノ　　**C** 室内楽　　　　　伴奏

㋐ 合唱　　㋑ 斉唱　　㋒ 独唱　　㋑ 重唱　　　　歌の形態

□ **❺** この曲のようなドイツ語による歌曲をカタカナ 3 文字で何といいますか。

□ **❻** 語り手以外の 3 人の登場人物を答えなさい。

（　　　　　　　　　　　　　　　　　　）

❷ この曲の前奏部分や歌い方について，あとの問いに答えなさい。

出だしの伴奏が，この曲の不気味さを表しているね。

□ **❶** 次の文章の（　）に合う言葉を書きなさい。

前奏部分は，（　　　　　）を抱いた（　　　　　）が（　　　　　）に乗り，夜の森を走る情景を表している。

□ **❷** **A** のように，1 つの音符を 3 等分した音符のことを何といいますか。（　　　　　）

□ **❸** この曲を演奏する速度として適するものを次から選び，記号で答えなさい。（　　　）

㋐ ♩=152　　㋑ ♩=112　　㋒ ♩=60

□ **❹** 子の旋律の音域について，正しい文を次から選び，記号で答えなさい。

㋐ 父に話して安心し，落ち着きを取り戻すにつれ音域が低くなる。

㋑ おびえたように歌い，恐怖が増すにつれ音域が高くなり，最後は悲鳴に近くなる。

㋒ 初めから終わりまで音域は変わらず，静かに滑らかに歌う。

□ **❺** ①〜③の歌い方をする登場人物をそれぞれ答えなさい。

① 音域の変化が少なく，状況を冷静に歌う。

② 低い音域でなだめるように歌う。

③ 初めは優しく，しだいに激しく歌う。

ヒント ❷❸馬の駆け抜ける様子を表しているから，非常に速い速度だね。

Step 1 基本チェック 雅楽「平調 越天楽」－管絃－

10分

■ 赤シートを使って答えよう！

❶ 雅楽について

□ 歴史：5 〜 9世紀頃に ［ アジア ］ 各地から伝えられた音楽や舞，日本古来の芸能，平安時代につくられた歌などによって，［ 10 ］ 世紀頃にはほぼ今の形となった。宮廷や寺社などで ［ 儀式 ］ の音楽として伝えられ，［ 平安 ］ 時代には貴族の教養の一つとされた。

□ 演奏形態：楽器だけで演奏される ［ 管絃 ］ と，舞をともなう ［ 舞楽 ］ がある。「平調 越天楽」は ［ 管絃 ］ の曲である。

❷ 楽器と技法について

□ 楽器の種類：［ 吹物 ］（管楽器），［ 打物 ］（打楽器），［ 弾物 ］（弦楽器）の 3 種類。

篳篥
竜笛
笙
箏（楽箏）
琵琶（楽琵琶）
鞨鼓
鉦鼓
太鼓（楽太鼓）

□ 演奏：雅楽には ［ 指揮者 ］ がいない。各奏者が互いに ［ 間合い ］ をはかりながら演奏する。
□ 習得：演奏法の習得には，まずは楽器や楽譜を用いず ［ (口)唱歌 ］ で行う。

雅楽はおよそ1300 年も形を変えずに残っている日本古来の芸能だよ。

 「管絃」という用語や，それが何を意味するか，ちゃんとおさえておこう！

Step 2 予想問題 雅楽「平調 越天楽」－管絃－

15分

❶ 雅楽全般について，次の問いに答えなさい。

□ ❶ 世界のどの地域から伝えられた芸能が雅楽の成立に影響（えいきょう）を与えましたか。（　　　）

□ ❷ 宮廷や寺社では，どのような用途（ようと）で演奏されましたか。（　　　）

□ ❸ 貴族の教養の一つとなったのは日本の何時代ですか。（　　　）

□ ❹ 舞を伴わず楽器だけで演奏されるものを漢字 2 文字で何と呼びますか。（　　　）

□ ❺ 雅楽は，今の形に成立してからおよそ何年たちますか。次から選び，記号で答えなさい。

㋐ 400 年　㋑ 1000 年　㋒ 1300 年　（　　　）

❷ 次の写真を見て，あとの問いに答えなさい。

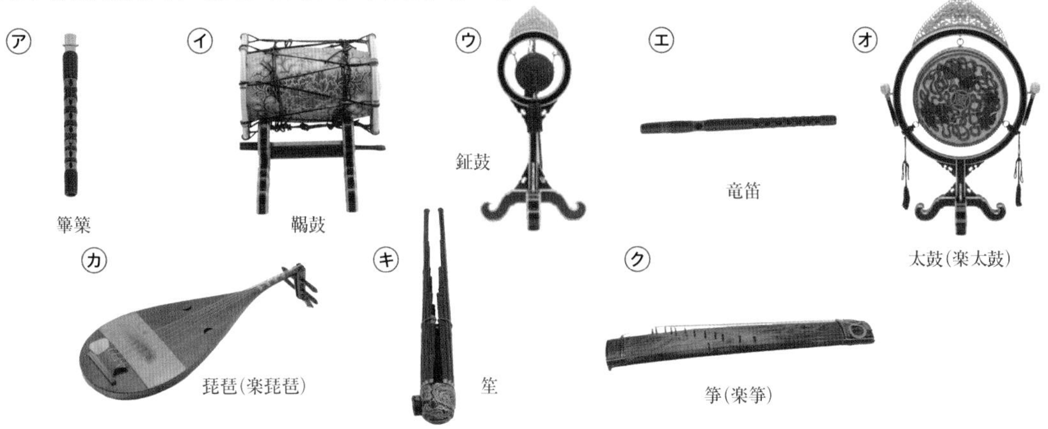
㋐
篳篥
㋑
鞨鼓
㋒
鉦鼓
㋓
竜笛
㋔
太鼓(楽太鼓)
㋕
琵琶(楽琵琶)
㋖
笙
㋗
箏(楽箏)

□ ❶ 上の楽器を吹物，打物，弾物に分けて，それぞれ記号で答えなさい。

吹物	①	②	③
打物	④	⑤	⑥
弾物	⑦	⑧	

□ ❷ 次の説明は，上のどの楽器についてのものですか。記号で答えなさい。

① 吹いても吸っても音が出る楽器。（　　　）

② 速さを決めたり，終わりの合図をするなど全体をリードする楽器。（　　　）

❸ 唱歌について，次の問いに答えなさい。

□ ❶ 日本の楽器の習得法である「唱歌」の読み方をひらがなで書きなさい。（　　　）

□ ❷ 唱歌について述べた文です。正しいものに○，誤っているものに×をつけなさい。

㋐ 唱歌は，演奏のしかたや音の感じを楽譜に表したものである。（　　　）

㋑ 唱歌は，演奏のしかたや音の感じを言葉で表したものである。（　　　）

㋒ 唱歌は，人から人へ楽譜を介さずに口で伝える。口唱歌ともいわれる。（　　　）

⊗ | ミスに注意 ❶❹漢字を正しく書こう。1 文字目は “ たけかんむり ”，2 文字目は “ いとへん ” だよ。

［解答 ▶p.3］

Step 1 | **基本チェック** ● 箏曲「六段の調」 〔そうきょく ろくだん しらべ〕

⏱ 10分

■ 赤シートを使って答えよう！

❶ 作曲者

▲八橋検校肖像
（菊塚家所蔵）

☐ 作曲者：[八橋検校 〔やつはしけんぎょう〕] がつくったといわれる。
　　　　　検校とは [目] の不自由な人々による組織の最高位。

❷ 楽器や奏法について

☐ 箏は奈良時代に [中国] から伝わった
　楽器で，当初は [雅楽 〔ががく〕] の合奏で使われていた。
　現在主に使われている楽器の糸（弦）の数は
　[13] 本。

☐ 音の高さは，胴と糸（弦）の間に右のような [柱 〔じ〕]
　を挟むように立て，それを動かして調整する。
　読み方は「はしら」ではなく「[じ]」。

一をホ音にした場合

☐ この曲で使用される調弦を
　[平調子 〔ひらちょうし〕] という。

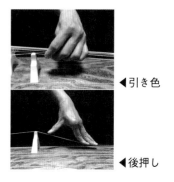

◀引き色

◀後押し

☐ 爪で糸を弾いたあと，左手で糸を [柱] のほうへ
　引き寄せて糸をゆるめ，音の高さをわずかに
　[下げる] 奏法を [引き色 〔ひ いろ〕] という。
☐ 爪で糸を弾いたあと，左手で糸を [押して]
　音の高さを [上げる] 奏法を [後押し 〔あと お〕] という。

❸ 曲の内容

☐ 「六段の調」のように，いくつかの [段]（部分）で構成された器楽曲を [段物 〔だんもの〕] という。
☐ この曲の初段の速度は [ゆっくり] 始まり，しだいに [速く] なり六段の最後は再び
　[ゆっくり] 終わる。このような速度の変化は，日本音楽によく見られるものであり，
　[序破急 〔じょ はきゅう〕] という。

テストに出る

奏法の名前はよく出題されるよ！　日本音楽独特の用語もおさえておこう。

Step 2 予想問題 箏曲「六段の調」 15分

1年鑑賞曲

❶ 「六段の調」の作曲者といわれている人物の説明として，正しいものには○，誤っているものには×をつけなさい。

□ ❶ 八橋検校は現代にも伝わる箏の調弦法を確立した。 （　　　　）

□ ❷ 八橋検校は福島県に生まれ，明治時代に活躍（かつやく）した。 （　　　　）

□ ❸ 「検校」とは目の不自由な人々による組織の中の最高位である。 （　　　　）

❷ 箏について，次の問いに答えなさい。

□ ❶ 箏は，どこの国から伝わった楽器ですか。 （　　　　）

□ ❷ 胴と糸（弦）の間に挟み，音の高さを調節するときに動かすものを漢字1文字で何といいますか。また，その読み方もひらがなで答えなさい。　　名前（　　　　）読み方（　　　　）

□ ❸ 下のような箏の調弦を，漢字3文字で何といいますか。 （　　　　）

一をホ音にした場合

□ ❹ 左手を使う①と②の奏法の説明として正しい文を次から選び，記号で答えなさい。

　　① 引き色（　　　　）　　② 後押し（　　　　）

　　㋐ 右手で弾いたあと，左手で弦を押して，音の高さを上げる。

　　㋑ 右手で弾いたあと，左手で弦を柱の方へ引き戻し，音の高さを下げる。

　　㋒ 右手で弾く前に，左手で弦を押して，音の高さを上げる。

繊細な音色を大切にする楽器だから，いろいろな奏法があるね。

❸ 「六段の調」について次の問いに答えなさい。

□ ❶ 「六段」の意味について正しいものを次から選び，記号で答えなさい。 （　　　　）

　　㋐ 六人の演奏者

　　㋑ 六つの部分

　　㋒ 六つの楽器

□ ❷ この曲の速度の変化として正しいものを次から選び，記号で答えなさい。 （　　　　）

　　㋐ 初段はゆるやかで，しだいに速くなり，はげしい速さで終わる。

　　㋑ 全体を通して速く演奏し，速度は変わらない。

　　㋒ ゆるやかに始まりしだいに速くなり，最後は再びゆるやかに終わる。

□ ❸ ❷のような，日本音楽独特の速度の変化のことを，漢字3文字で何といいますか。

　　　　　　　　　　　　　　　　　　　　　　　　　　　　　（　　　　）

ヒント ❸❶「段」は日本の芸能全般に使われる用語。西洋音楽でいう「楽章」の小さなもの。

30分　目標 70点　/100点

❶ 次のＡ，Ｂ２つの楽譜（がくふ）を見て，あとの問いに答えなさい。

□ ❶ それぞれの曲名を，下の ┈ から選んで答えなさい。

> 浜辺（はまべ）の歌　　主人（あるじ）は冷たい土の中に　　赤とんぼ

□ ❷ それぞれの拍子（ひょうし）を，右の ┈ から選んで答えなさい。

$$\frac{2}{4} \quad \frac{3}{4} \quad \frac{4}{4} \quad \frac{6}{8}$$

□ ❸ それぞれの作曲者を，下の ┈ から選んで答えなさい。

> 成田為三（なりたためぞう）　　山田耕筰（やまだこうさく）　　八橋検校（やつはしけんぎょう）

□ ❹ Ａの楽譜の ① ② に合う強弱記号をそれぞれ次から選び，記号で答えなさい。同じものを２度使ってもかまいません。

> ㋐ ＜　　　㋑ ＞

□ ❺ Ｂの楽譜の □ に合う強弱記号を次から選び，記号で答えなさい。

> ㋐ ＞　　㋑ ＜　　㋒ ＜＞　　㋓ ＞＜

□ ❻ Ａの楽譜の ③ に入る休符（きゅうふ）を次から選び，記号で答えなさい。

> ㋐ ㇼ　㋑ ⸆　㋒ ━

❷ 「魔王（まおう）」について，次の問いに答えなさい。

□ ❶ 次の ___ に合う言葉を ┈ から選び，記号で答えなさい。
「魔王」は， ① に生まれた ② が 18 歳（さい）のときにつくった歌曲である。ドイツの文学者 ③ の詩の世界を音楽で表現したものである。このようなドイツ語による歌曲のことを ④ という。

> ㋐ ドイツ　㋑ オーストリア　㋒ シューベルト　㋓ バッハ
> ㋔ ゲーテ　㋕ シラー　㋖ シャンソン　㋗ リート

□ ❷ この曲はどのような内容を歌っていますか。 ┈ の言葉をすべて使って説明しなさい。思

> 魔王　　父　　子

成績評価の観点　思…音楽についての思考・判断・表現　　思 のマークがない問題は，全て音楽についての知識・技能の問題です。

❸「春」の第１楽章について，次の問いに答えなさい。

□ ❶ 作曲者のヴィヴァルディについて, 正しいものには○, 誤っているものには×を記入しなさい。

㋐ ベートーヴェンと同じ時代に活躍した。　㋑ バロックを代表する作曲家の一人である。

㋒ イタリアで生まれ，多くの協奏曲をつくった。

□ ❷ A・Bの旋律(せんりつ)が表しているソネットの内容を，下の㋐～㋒から選びなさい。

A

B
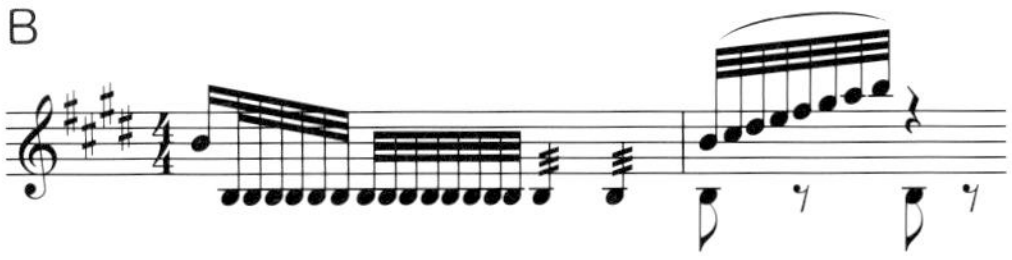

㋐ 黒雲と稲妻(いなずま)が空を走り，雷鳴(らいめい)は春が来たことを告げる。

㋑ 小鳥は楽しい歌で，春を歓迎(かんげい)する。

㋒ 泉はそよ風に誘われ，ささやき流れていく。

□ ❸ 次の(　　)に合う言葉を[　　]から選び，記号で答えなさい。

この曲は(　①　)の独奏と弦(げん)楽合奏による(　②　)で，(　③　)などの楽器が通奏低音を担当する。全体をリードするのは独奏楽器の(①)である。合奏と独奏が交互(こうご)に演奏される，この時代に多くつくられた(　④　)形式で書かれている。

㋐ ピアノ　㋑ ヴァイオリン　㋒ チェロ　㋓ チェンバロ
㋔ ソナタ　㋕ リトルネッロ　㋖ 協奏曲　㋗ 独唱曲

❹「六段(ろくだん)の調(しらべ)」について，次の問いに答えなさい。

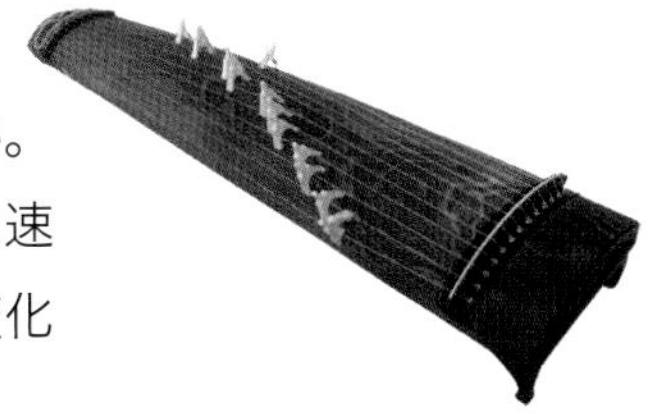

□ ❶ この曲の作曲者といわれている人物を漢字４文字で書きなさい。

□ ❷ この曲のように，最初はゆっくりとした速度で始まり，次第に速くなって最後は緩(ゆる)やかに終わる日本の伝統音楽独特の速度の変化を何といいますか。漢字３文字で書きなさい。

❶ 各4点	❶ A		B		
	❷ A	B	❸ A	B	
	❹ ①	②	❺	❻	
❷ 各3点 ❷6点	❶ ①	②	③	④	
	❷				
❸ 各4点	❶ ㋐	㋑	㋒	❷ A	B
	❸ ①	②	③	④	
❹ 各3点	❶	❷			

❶ ／40点　❷ ／18点　❸ ／36点　❹ ／6点

[解答 ▶p.4]

Step **1** 基本チェック ● 夢の世界を ⏱ 10分

■ 赤シートを使って答えよう！

❶ 曲のポイント

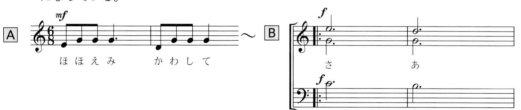

ほ ほ え み　か わ し て

- □ 作詞者：芙龍明子（ふりゅうあきこ）　　□ 作曲者：橋本祥路（はしもとしょうじ）
- □ 調：[ハ長調] … 調号がつかない長調。
- □ 拍子：[8 分の 6 拍子] … [8] 分音符を 1 拍として，1 小節が 6 拍になっている。
- □ 速度：♩.=84~92 … [1] 分間に付点 [4] 分音符を 84 ～ 92 打つ速さ。
- □ 形式：[二部] 形式
- □ 合唱形態：下の楽譜の A の部分は全員が同じ旋律を歌う [斉唱]，B の部分は [混声三部] 合唱になっている。

A 　*mf*　ほ ほ え み　か わ し て　～　B 　*f*　さ　　あ　　*f*

❷ 使われている音楽記号

	記号	読み方	意味
□	*rit.*	リタルダンド	だんだん遅（おそ）く
□	*a tempo*	ア テンポ	もとの速さで
□	♩（テヌート記号）	テヌート	その音の長さを [じゅうぶんに保って]
□	（タイ記号）	タイ	隣（とな）り合った同じ高さの音を [つなぎ]，[1 つ] の音に

❸ 拍子の感じ方

- □ 8 分音符 3 つをひとまとまりにして，大きく [2] 拍子に感じて歌うとよい。

大きく拍子を感じて歌おう。

2 拍子の指揮→

テストに出る

8 分の 6 拍子を歌うときの感じ方を覚えておこう。

22

Step 2 予想問題 **夢の世界を** 15分

❶ この曲の冒頭の楽譜を見て，あとの問いに答えなさい。

ほ ほ え み　　か わ し て

A

☐ ❶ この曲は何分の何拍子ですか。1 小節目の ☐ に拍子記号を書きなさい。

☐ ❷ この曲は，大きく何拍子に感じて歌うとよいですか。（　　　　　　　）拍子

☐ ❸ この曲は何調ですか。（　　　　　　　　　）

☐ ❹ 続きの歌詞を楽譜の中の ☐ に書きなさい。

☐ ❺ ①・②の音符は，それぞれ 8 分音符いくつ分の長さですか。

①（　　　　　）つ分　　②（　　　　　）つ分

☐ ❻ Aの記号の読み方を書きなさい。また，意味を完成させなさい。

読み方（　　　　　　）　　意味「隣り合った（　　　　　）の音をつなぎ，（　　　　　）に」

❷ この曲の終わりの部分の楽譜を見て，あとの問いに答えなさい。

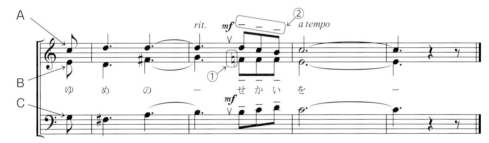

A　B　C

ゆ　め　の　ー　せ　か　い　を　ー

☐ ❶ A，B，C それぞれのパート名を次から選び，記号で答えなさい。

㋐　ソプラノ　　㋑　男声　　㋒　アルト　　A（　　　）B（　　　）C（　　　）

☐ ❷ このような 3 つの声部で構成される合唱形態を何といいますか。（　　　　　）

☐ ❸ ①・②の記号の読み方と意味を答えなさい。

①読み方（　　　　　　　　）　　意味（　　　　　　　）

②読み方（　　　　　　　　）　　意味（　　　　　　　）

☐ ❹ 最後の 3 小節の歌い方について正しく説明しているものを次から選び，記号で答えなさい。

（　　　）

㋐　だんだん遅くなり，「を」の歌詞でもとの速さにもどる。

㋑　だんだん速くなり，「を」の歌詞でだんだん遅くなる。

㋒　だんだん遅くなり，「を」の歌詞でさらに遅くなる。

ヒント ❶❶❺この拍子は 1 小節に 8 分音符がいくつ入るかな？

Step 1 基本チェック　翼をください

10分

■ 赤シートを使って答えよう！

❶ 曲のポイント

いまー　わたし　の

- ☐ 作詞者：山上路夫（やまがみみちお）　　☐ 作曲者：村井邦彦（むらいくにひこ）
- ☐ 調：[変ロ長調]…♭が2つの長調。
- ☐ 拍子：[4分の4拍子]…4分音符を1拍として，1小節が[4]拍になっている。
- ☐ 速度：**Moderato**…読み方は[モデラート]，意味は「[中ぐらい]の速さで」。
- ☐ 合唱形態：[混声三部]合唱

　ト音譜表の旋律を[女声]パートが，ヘ音譜表の旋律を[男声]パートが歌う。曲の中で最も重要な[主旋律]とそれ以外の旋律を，[交互]に受け持ちながら歌う。

ソプラノ ──
[アルト] ──
[男声] ──
── 主旋律
この　おおぞらに─　つば　さをひろげ─
── それ以外の旋律

❷ 使われている音楽記号

	記号	読み方	意味
☐	(タイ記号)	タイ	隣り合った同じ高さの音符を つなぎ，[1つの音]に
☐	**mf**	メッゾ フォルテ	少し強く
☐	*rit.*	リタルダンド	だんだん遅く
☐	(3連符)	3連符	ある音符を[3等分]した音符

☐ ❸ 反復のしかた

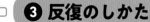

ダカーポ：[始め]から

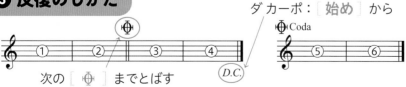

次の[⊕]までとばす

⇒演奏順序は　①⇒②⇒③⇒④⇒[①]⇒[②]⇒[⑤]⇒⑥　となる。

　合唱形態については必ず覚えておこう！

Step 2 ┃ 予想問題 ┃ **翼をください**　　15分

❶ この曲の冒頭の楽譜を見て，あとの問いに答えなさい。

① → Moderato

いま— わたし の　ね が —いごと が

□ ❶ この曲は何分の何拍子ですか。1小節目に拍子記号を書きなさい。

□ ❷ この曲は何調ですか。　　　　　　　　　　　　　　　　（　　　　　　　　）

□ ❸ ①の記号の読み方と意味を書きなさい。

　　読み方（　　　　　　　　　　）　意味（　　　　　　　　　　）

□ ❹ ②・③の音符の名前を書きなさい。また，それぞれの音符と同じ長さの休符を㋐〜㋒から選びなさい。

　　　　㋐ 𝄽　　㋑ 𝄾　　㋒ 𝄾

　　　　②名前（　　　　　　　）　同じ長さの休符（　　　）
　　　　③名前（　　　　　　　）　同じ長さの休符（　　　）

□ ❺ ④の音符の演奏のしかたとして正しいものを次から選び，記号で答えなさい。（　　　）

　　㋐　2つの音符を滑らかに歌う。
　　㋑　2つの音符をつないで，1つの音として歌う。
　　㋒　2つの音符を短く切って歌う。

❷ この曲の中間部分の楽譜を見て，次の問いに答えなさい。

A　mf

B　mf

□ ❶ AとBのパートは，それぞれ男声，女声パートのどちらですか。

　　　　　　　A（　　　　　　）パート　　B（　　　　　　）パート

□ ❷ 主旋律を歌うのは，AとBどちらのパートですか。　　　　　（　　　　）

□ ❸ A・B各パートの正しい組み合わせを次から選び，記号で答えなさい。（　　　）

　　㋐ Aがソプラノ，Bがアルト　　㋑ Aがソプラノとアルト，Bが男声　　㋒ Aが男声，Bがアルト

□ ❸ 次の楽譜を演奏すると全部で何小節になりますか。

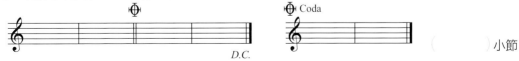

𝄋　　　　　　　　　　𝄌 Coda

D.C.　　　　　　　　　　　　　　（　　　　）小節

❗ヒント ❸ D.C.は「始めから」，𝄌は「次の𝄌までとばす」という意味だよ。

Step 1 基本チェック　夏の思い出

⏱ 10分

■ 赤シートを使って答えよう！

なつがくれば　おもいだす

❶ 曲のポイント

☐ 作詞者：［ 江間章子 ］…詩人。ほかの代表曲に「［ 花の街 ］」など。
☐ 作曲者：［ 中田喜直 ］… 作曲家。ほかの代表曲に「めだかのがっこう」など。数多くの童謡や
合唱曲，ピアノ曲を残した。
☐ 調：［ 二長調 ］…♯が2つの長調。
☐ 拍子：［ 4分の4拍子 ］…［ 4 ］分音符を1拍として，1小節が4拍になっている。
☐ 速度：♩=63ぐらい…［ 1 ］分間に4分音符を［ 63 ］ぐらい打つ速さ。
☐ 形式：［ 二部 ］形式… A【a（1～4小節）－a（5～8小節）】
　　　　　　　　　　　　B【b（9～12小節）－a'（13～16小節）】
　　　　　　　　　　　　の大きな［ 2 ］つのまとまりでできている。

❷ 歌詞の意味

☐ 石楠花色…薄い［ 紅色 ］
☐ 浮き島…湿原や沼に浮いて，［ 島 ］のように見えるもの。

▲石楠花の花

❸ 使われている音楽記号

記号	読み方	意味
☐ **pp**	ピアニッシモ	とても弱く
☐ **p**	ピアノ	弱く
☐ **mp**	メッゾ ピアノ	少し弱く
☐ ♩̱	テヌート	その音の長さをじゅうぶんに保って
☐ ⌢	フェルマータ	その音符（休符）を［ ほどよく延ばして ］
☐ *dim.*	ディミヌエンド	だんだん弱く

❹ 使われている音符

☐

♪♪♪ ［ 3連符 ］

これは♩（4分音符）を3等分しているよ。

 歌詞とリズムの関係はよく出題されるよ！

Step 2 予想問題 **夏の思い出** 15分

❶ 「夏の思い出」の冒頭（ぼうとう）の楽譜（がくふ）を見て，あとの問いに答えなさい。

なつがくればおもいだす　はるかなおぜ　とおいそら

2・3上 歌唱曲

□ ❶ 作詞者名を書きなさい。 （　　　　　　　　　　）
□ ❷ 作曲者名を書きなさい。 （　　　　　　　　　　）
□ ❸ この曲の調を答えなさい。 （　　　　　　　）長調
□ ❹ この曲の拍子を答えなさい。 （　　　　　　　　　　）
□ ❺ この曲に適する速度を次から選び，記号で答えなさい。 （　　　　　　　　　　）

　　㋐ ♩=72　　㋑ ♩=120　　㋒ ♩=63ぐらい　　㋓ ♩=92

❺数が多くなるほど速度は速くなるよ。

❷ この曲の中間部分の楽譜を見て，次の問いに答えなさい。

みずばしょうのは　なが　（　B　）　ゆめみてさいている　　C

□ ❶ ①〜③の記号の読み方と意味を答えなさい。
　　①　読み方（　　　　　　　　　）　意味（　　　　　　　　　）
　　②　読み方（　　　　　　　　　）　意味（　　　　　　　　　）
　　③　読み方（　　　　　　　　　）　意味（　　　　　　　　　）
□ ❷ Ａの音符の名前を書きなさい。 （　　　　　　　　　　）
□ ❸ Ａの音符は，次のどの音符を3等分したものですか。記号で答えなさい。
　　㋐ ♩　　㋑ ♪　　㋒ ♩
□ ❹ Ｂの部分に入る歌詞の正しい歌い方を次から選び，記号で答えなさい。 （　　　　）

　　㋐ さいている　　㋑ さいてる　　㋒ さいている

□ ❺ Ｃの部分に入る歌詞を書きなさい。 （　　　　　　　　　　）
□ ❻ 曲全体と歌詞全体にこめられた気持ちを次から選び，記号で答えなさい。 （　　　　）

　　㋐ 幼い頃に尾瀬を歩いた思い出
　　㋑ 尾瀬の自然を見たときの感動
　　㋒ まだ見ぬ尾瀬への好奇心

⊗ ミスに注意 ❷❹歌詞の日本語をよく見よう。少しずつ違（ちが）うね。

Step 1 基本チェック ● 荒城の月（こうじょう）

⏱ 10分

■ 赤シートを使って答えよう！

はるこうろうの　はなのえん

❶ 曲のポイント

☐ 作詞者：［ 土井晩翠（どいばんすい） ］…漢文調の詩を得意とした詩人。
☐ 作曲者：［ 滝 廉太郎（たきれんたろう） ］…ドイツに留学し，帰国後は西洋音楽の様式をいち早く取り入れて，すぐれた作品を残した。
☐ 調：［ ロ短調 ］…♯ が2つの短調。
☐ 拍子（ひょうし）：［ 4分の4拍子 ］…4分音符（おんぷ）を1拍（はく）として，1小節が［ 4 ］拍になっている。
☐ 速度：**Andante** …読み方は［ アンダンテ ］，意味は「ゆっくり［ 歩くような ］速さで」。

❷ 強弱記号と旋律の特徴（せんりつ とくちょう）

☐ 旋律の上行・下行と，強弱の変化がほぼ［ 一致 ］している。出だしは［ メッゾ フォルテ ］で少し［ 強く ］始まり，旋律の上行とともにだんだん［ 強く ］なり，下行とともにだんだん［ 弱く ］なる。

❸ 歌詞の特徴と意味

☐ この曲の歌詞は［ 七五 ］調でできている。そのリズムやまとまりを意識して歌うことが大切。
〔歌詞の意味〕
☐ 高楼（こうろう）…高く造られた建物
☐ 花の宴（えん）…［ 花見 ］の宴会
☐ 千代の松が枝（ちよ・えだ）…［ 古い ］松の枝
☐ 植うるつるぎに照りそいし
　　…植えたように［ 立ち並ぶ ］剣（つるぎ）に照り輝（かがや）いた
☐ かずら…［ つる草 ］
☐ 天上影は…［ 空 ］の月の光は
☐ 栄枯（えいこ）…栄えたり［ 衰えたり（おとろ） ］

テストに出る　作詞者・作曲者は必ず暗記！　歌詞の意味もしっかり覚えよう。

Step 2 予想問題 ： **荒城の月**

15分

2・3上歌唱曲

❶ この曲の冒頭(ぼうとう)の楽譜(がくふ)を見て，あとの問いに答えなさい。

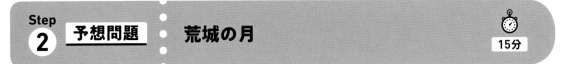

はるこうろうの　はなのえん　　②　　かげさして

☐ ❶ 作詞者名を次から選び，記号で答えなさい。
　　　⑦　江間章子(えましょうこ)　　⑦　林古溪(はやしこけい)　　⑦　土井晩翠(どいばんすい)　　⑤　三木露風(みきろふう)

☐ ❷ 作曲者名を書きなさい。

☐ ❸ この曲は何分の何拍子ですか。1 小節目に拍子記号を書きなさい。

☐ ❹ ①に入る強弱記号を次から選び，記号で答えなさい。
　　　⑦ **_p_**　　⑦ **_pp_**　　⑦ **_mf_**　　⑤ **_mp_**

☐ ❺ ②の部分に入る歌詞を書きなさい。

☐ ❻ この曲を補作編曲した作曲家を次から選び，記号で答えなさい。
　　　⑦　中田喜直(なかだよしなお)　　⑦　成田為三(なりたためぞう)　　⑦　山田耕筰(やまだこうさく)　　⑤　團伊玖磨(だんいくま)

❷ この曲の後半部分の楽譜を見て，次の問いに答えなさい。

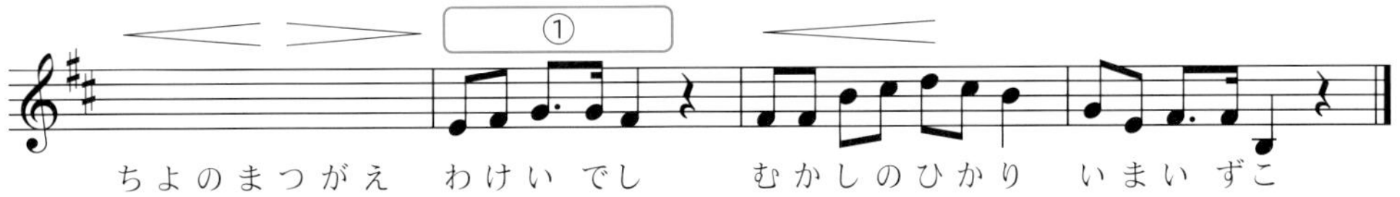

ちよのまつがえ　わけいでし　　むかしのひかり　いまいずこ

☐ ❶ ①の部分に入る強弱記号を次から選び，記号で答えなさい。
　　　⑦　　　　　⑦　　　　　⑦　　　　　⑤

☐ ❷ 正しいリズムで書かれた 1 小節目の旋律(せんりつ)を次から選び，記号で答えなさい。

　　　⑦　　　　　　　　　　⑦　　　　　　　　　　⑦
　　　ちよのまつがえ　　　　ちよのまつがえ　　　　ちよのまつがえ

☐ ❸ 「千代の松が枝」の「千代」の意味を次から選び，記号で答えなさい。
　　　⑦　千代という地名　　⑦　千本の　　⑦　古い

☐ ❹ この曲の歌い方について，正しいものを次から選び，記号で答えなさい。
　　　⑦　五七調のまとまりを大切に，歯切れよくはつらつと歌う。
　　　⑦　一音ずつ強調して歌う。
　　　⑦　七五調のまとまりを大切に，滑(なめ)らかに歌う。

🖊ヒント　❷❶旋律の上行と下行を自然に歌える強弱記号はどれかを考えよう。音符の上がり下がりに注目。

Step 1 基本チェック ： フーガ ト短調

10分

■ 赤シートを使って答えよう！

❶ 曲のポイント

- □ 作曲者：J.S. ［ バッハ ］…［ ドイツ ］のアイゼナハに生まれた。
  音楽家の家系に生まれた彼は早くから鍵盤楽器を習い，その後宮廷や
  ［ 教会 ］のオルガニストなどを務めながら，［ 宗教 ］音楽やオルガン
  曲など，1000 曲以上の作品を残した。
- □ 音楽史上の時代：ヘンデルやヴィヴァルディとともに，［ バロック ］
  の時代の代表的な作曲家である。
- □ 演奏形態：［ パイプオルガン ］の独奏曲。

▲J.S. バッハ (1685-1750)

❷ パイプオルガンとその仕組み

◆パイプオルガンは，教会の礼拝用の楽器として古くから使われた楽器である。

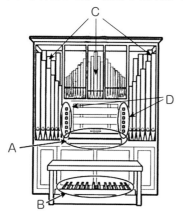

- □ Aの［ 手鍵盤 ］やBの［ 足鍵盤 ］を押し，Cの
  パイプに［ 空気 ］を送り込んで音を出す。左右に
  あるDの［ ストップ ］を操作して，音色をさま
  ざまに変化させることができる。
- □ 1 本のパイプにつき，［ 1 ］つの音を出す，笛
  のような仕組みである。そのため，パイプの数が
  たいへん［ 多く ］なる。

❸ 曲の形式

- □ この曲は［ フーガ ］という形式でつくられている。始めに提示される［ 主題 ］を，ほかの声部
  が追いかけながら曲が展開していく。
- □ 全［ 4 ］声部の中で，この
  曲の第 1 部ではト短調の主
  題とニ短調の［ 応答 ］が各
  声部に交互に現れる。

第 1 声部 ♪主題
第 2 声部 ♪応答
第 3 声部 ♪主題
第 4 声部 ♪応答

テストに出る

作曲者は絶対暗記！ 生まれた国や曲の形式もしっかり覚えよう。

Step 2 予想問題

フーガ ト短調

15分

❶「フーガ ト短調」とその作曲者について，次の問いに答えなさい。

□ ❶ 作曲者名と生まれた国を書きなさい。

作曲者（　　　　　　）　生まれた国（　　　　　　）

□ ❷ 作曲者が活躍（かつやく）した音楽史上の時代を何といいますか。次から選び，記号で答えなさい。

㋐ バロック　㋑ 古典派　㋒ ロマン派　㋓ 印象派　（　　）

□ ❸ 作曲者は作曲以外にどのような仕事をしていましたか。次から選び，記号で答えなさい。

（　　）

㋐ 教会のヴァイオリニスト　㋑ オーケストラの指揮者　㋒ 宮廷や教会のオルガニスト

❷ この曲を演奏する楽器について，次の問いに答えなさい。

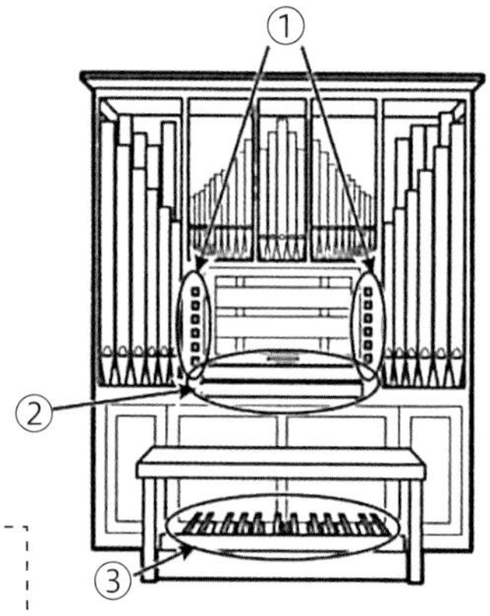

□ ❶ この曲を演奏する，右の楽器の名前を答えなさい。

（　　　　　　）

□ ❷ この楽器は鍵盤を押すことで，何に空気を送り込んで音を出しますか。（　　　　　　）

□ ❸ 右の絵の①～③の部分の名称を［　］から選び，記号で答えなさい。　①（　　）　②（　　）　③（　　）

㋐ 手鍵盤　㋑ 足鍵盤　㋒ ストップ　㋓ スタート

□ ❹ ①で変化するものは次のどちらですか。記号で答えなさい。（　　）

㋐ 音量　㋑ 音色

□ ❺ この楽器にはたくさんのパイプがあります。その理由について述べた文になるように，（　　）に数字を入れなさい。

・（　　　）本のパイプにつき，（　　　）つの音が出る笛のような仕組みだから。

❸ この曲の形式について，次の問いに答えなさい。

□ ❶ この曲は，始めに示された主題を，ほかの声部が次々と追いかけるようにして発展する形式でつくられています。この形式のことを何といいますか。カタカナ３文字で答えなさい。

（　　　　）

□ ❷ 次の A の部分はこの曲の最初に示される主題，B の部分はそれを追いかける次の声部の旋律（せんりつ）です。この B のことを何というか，漢字２文字で答えなさい。（　　　　）

A

B

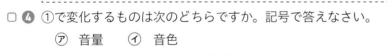

□ ❸ この曲は全部で何声部からなりますか。（　　　　）声部

[ヒント] ❸❸合唱のように，上の方からソプラノ→アルト→テノール→バスと声部が登場するよ。

［解答 ▶p.6］

Step 1 基本チェック 交響曲第5番ハ短調

10分

■ 赤シートを使って答えよう！

❶ 曲のポイント

- 作曲者：[ベートーヴェン]…[ドイツ] のボンに生まれ，21歳からオーストリアの [ウィーン] で活躍した。20代後半から耳の病に苦しみつつ，[9] 曲の交響曲を含む多くの優れた曲を残した。
- 音楽史上の時代：[古典] 派から [ロマン] 派の時代にあたる。
- 曲名：彼自身が第1楽章の冒頭について「このように運命は扉をたたく」と語ったといわれ，この曲は日本では「 運命 」の名で知られている。

▲冒頭

- 演奏形態：[オーケストラ]（管弦楽）で演奏される。
- 使われる楽器は [弦楽器]，[木管楽器]，[金管楽器]，[打楽器] に分類される。

関西フィルハーモニー管弦楽団 ©HIKAWA

❷ 曲の形式

- 曲は全体で [4] つの楽章でできており，第 [1] 楽章と第 [4] 楽章は [ソナタ] 形式でできている。

〔ソナタ形式〕

[提示部]	➡	[展開部]	➡	[再現部]	➡	**コーダ**
第1・第2主題が現れる。		主題などを様々に展開する。		提示部とほぼ同じ形。		曲を締めくくる。

- 第1主題冒頭の右の音型が全曲を通して形を変えて現れることで，曲に統一感をもたらしている。このような，旋律のもととなる最も小さなまとまりのことを「 動機 」という。

テストに出る 作曲者は絶対暗記！ 形式もよく出題されるので，用語や内容をしっかり理解しておこう。

Step 2 予想問題　交響曲第５番 ハ短調

15分

❶「交響曲第５番　ハ短調」とその作曲者について，次の問いに答えなさい。

□ ❶ 作曲者名と生まれた国を書きなさい。

作曲者（　　　　　　）　生まれた国（　　　　　　）

□ ❷ 作曲者が活躍した当時の音楽の中心的な都市を次から選び，記号で答えなさい。（　　　）

㋐ ボン　㋑ パリ　㋒ ウィーン　㋓ ボヘミア

□ ❸ この曲は日本では何という題名で知られていますか。次から選び，記号で答えなさい。

㋐ 田園　㋑ 運命　㋒ 歓喜の歌　（　　　）

□ ❹ この曲の演奏形態を次から選び，記号で答えなさい。（　　　）

㋐ 弦楽合奏　㋑ 吹奏楽　㋒ オーケストラ(管弦楽)

❷ この曲の形式について，次の問いに答えなさい。

□ ❶ この曲は全部で何楽章ですか。（　　　）楽章

□ ❷ この曲の中で，ソナタ形式で書かれている楽章を２つ答えなさい。

第（　　　）楽章と第（　　　）楽章

□ ❸ 次はソナタ形式を示したものです。①・②に入る名称を書きなさい。また，A・Bに入る役割を下の[　　]から選び，記号で答えなさい。

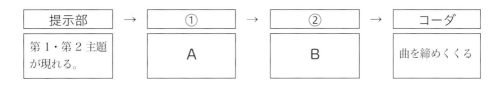

提示部	→	①	→	②	→	コーダ
第１・第２主題が現れる。		A		B		曲を締めくくる

㋐ 提示部とほぼ同じような形　㋑ 主題をさまざまに展開する　㋒ ２つの主題が交互（こうご）に現れる

①（　　　　　）　②（　　　　　）　A（　　　）　B（　　　）

❸ 次の楽譜は，第１楽章の２つの主題です。

第１主題

第２主題

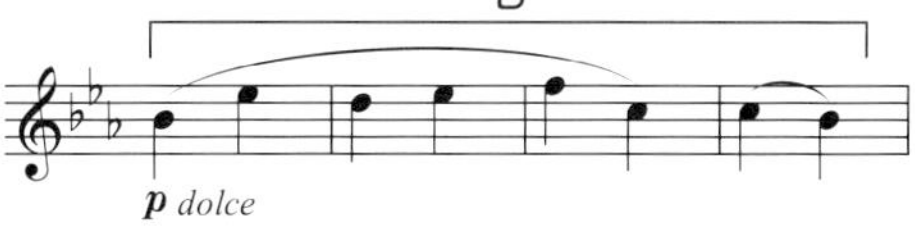

□ ❶ 全曲を通して現れる「動機」はA・Bのどちらですか。（　　　）

□ ❷ 「動機」は，曲の中でどのように現れますか。次から選び，記号で答えなさい。（　　　）

㋐ 曲の中でさまざまに形を変え，演奏する楽器も変わる。

㋑ この音のまま，同じ楽器が何度もこの音型を演奏する。

[ヒント] ❷❷交響曲の第１楽章はソナタ形式で書かれる場合が多いよ。

[解答 ▶p.6]

Step 1 基本チェック : オペラ「アイーダ」から

10分

■ 赤シートを使って答えよう！

❶ 曲のポイント

☐ 作曲者：[ヴェルディ]… [イタリア] 北部の村レ ロンコーレに生まれ，[オペラ] 界の代表的な作曲家として知られる。ほかの代表作に「 リゴレット 」「 椿姫 」など。

☐ 曲の種類：[オペラ]…16世紀末にイタリアのフィレンツェで生まれた。[音楽（歌）] を中心として，ほかにも文学，演劇，舞踊，美術などの要素が密接に結びついており，[総合芸術] といわれる。

文学　　　演劇
音楽
舞踊　　　美術

☐ 伴奏音楽：[オーケストラ] によって演奏される。客席からは歌い手たちしか見えないように，オーケストラピットと呼ばれる舞台下の一段低い場所で演奏する。

❷ 物語のあらすじ

☐ 古代 [エジプト] が舞台。将軍 [ラダメス] と敵国エチオピアの王女 [アイーダ] は密かに愛し合うが，戦争により引きさかれ，天上での愛を誓って息絶えるという悲劇。

☐ 主な登場人物と声の種類

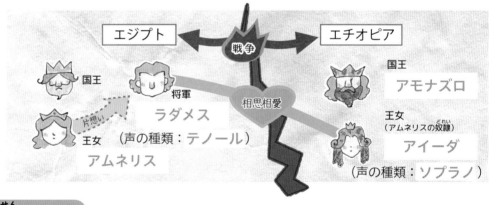

エジプト　←戦争→　エチオピア

国王

将軍　相思相愛

ラダメス　（声の種類：テノール）

片想い

王女　アムネリス

国王　アモナズロ

王女（アムネリスの奴隷）　アイーダ

（声の種類：ソプラノ）

❸「凱旋行進曲」

☐ 第2幕第2場は [エジプト] 軍の勝利を祝う場面。エチオピアとの戦いに勝利し，ラダメス率いる軍隊は華やかに自国に凱旋する。この「凱旋の場」で奏でられるのが，[トランペット] による「凱旋行進曲」である。このファンファーレ用のトランペットは「アイーダトランペット」とも呼ばれる。

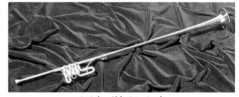

▲アイーダトランペット

テストに出る　登場人物の名前や関係，「凱旋行進曲」で使われる楽器名はよく出題されるよ！

Step 2 予想問題　オペラ「アイーダ」から　15分

❶ 作曲者と作品について，次の問いに答えなさい。

□ ❶ 作曲者の名前と生まれた国を書きなさい。　　　　　　　作曲者（　　　　　　　　）

生まれた国（　　　　　　　　）

□ ❷ この作品の内容について，正しい文を次から選び，記号で答えなさい。　　（　　　）

　　ⓐ　エジプトの将軍ラダメスと，エジプトの王女アイーダの悲恋物語。

　　ⓑ　エジプトの将軍ラダメスと，エチオピアの王女アイーダの悲恋物語。

　　ⓒ　エチオピアの将軍ラダメスと，エジプトの王女アムネリスが結ばれる物語。

□ ❸ この曲のように，音楽を中心として進行する，文学・演劇・舞踊・美術などの融合した芸術
を何と言いますか。カタカナで答えなさい。　　　　　　　（　　　　　　　　）

□ ❹ ❸の伴奏音楽は，通常何によって演奏されますか。　　（　　　　　　　　）

❷ 次の楽譜は「凱旋行進曲」の旋律です。これを見てあとの問いに答えなさい。

□ ❶ この曲が奏でられる場面は第何幕第何場ですか。　第（　　　）幕　第（　　　）場

□ ❷ どの国の勝利を祝う場面ですか。　　　　　　　　　　　（　　　　　　　　）

□ ❸ この旋律を演奏する楽器名を答えなさい。　　　　　　　（　　　　　　　　）

❸ 声の種類や物語の登場人物について，次の問いに答えなさい。

□ ❶ 右の表の空欄に入るパート名を〔　〕から
選び，表を完成させなさい。

	男声	女声
高い ↕ 低い	バリトン	メッゾ ソプラノ

　　ソプラノ　　バス
　　アルト　　テノール

□ ❷ ①・②の登場人物の名前を〔　〕から選び，声のパートを書きなさい。

　　①エチオピアの王女

　　　　名前（　　　　　　　　）　　　声のパート（　　　　　　　　）

　　②エジプトの将軍

　　　　名前（　　　　　　　　）　　　声のパート（　　　　　　　　）

　　　アイーダ　　アムネリス　　ラダメス　　アモナズロ

✕ ミスに注意 ❶❷主人公は，今はエジプトに捕らわれの身になって奴隷となっているけれど，本
当はエチオピアの王女！

Step 1 基本チェック 歌舞伎「勧進帳」

10分

■ 赤シートを使って答えよう!

❶ 歌舞伎について

☐ 歌舞伎の要素：音楽，[舞踊]，[演技] などの要素をあわせもつ日本の伝統的な総合芸術。
時代の流行や，能・狂言，文楽などの要素を取り入れながら発展した。

☐ はじまり：京都で出雲の [お国] が始めた「かぶき踊」が起源といわれる。

❷ 音楽

☐ 歌舞伎の代表的な伴奏音楽：[長唄] …歌舞伎舞踊とともに発展した音楽で，唄と [三味線]，
囃子によって演奏される。

☐ 長唄の囃子に主に使われる楽器には，三味線の他に，[笛]（能管），小鼓，[大鼓]，太鼓がある。

※次のイラストの楽器の名前を書こう。

[三味線]　　　[笛]　　　[小鼓]　　　[大鼓]　　　[太鼓]

☐ 「長唄」以外の歌舞伎の音楽には，[義太夫節] や，常磐津節，清元節，また舞台の下手で効果
音などを担当する [黒御簾] 音楽（下座音楽）などがある。

❸ 「勧進帳」

☐ 作曲者：四世 [杵屋六三郎]

あらすじ

☐ 兄，頼朝の怒りにふれた [義経] が，家来の [弁慶] ら数人とと
もに山伏などに変装し，加賀国の [安宅] の関所に着く。

☐ 関守の [富樫] は一行に，持っているはずの [勧進帳] を読み上
げるように言い，[弁慶] が偽物を見事に読み上げる。

☐ それでもなお，義経が疑われたため，弁慶は主人である義経を杖で
打ちすえて疑いをはらす。

☐ 一行は無事関所を通ることができ，弁慶が義経に泣いてわびている
ところへ，関守が再び現れ，酒をふるまう。[弁慶] は酒をふるまっ
てもらったお礼として，[延年の舞] を舞う。

歌舞伎「勧進帳」四代目市川段四郎：武蔵坊弁慶▲
（国立劇場蔵）

 テストに出る　登場人物の名前とあらすじはテストによく出るよ！　しっかり覚えよう。

Step **2** 予想問題 ： # 歌舞伎「勧進帳」

15分

2・3
上鑑賞曲

❶ 歌舞伎全般について，次の問いに答えなさい。

□ ❶ 次の（　）に合う言葉を ┈┈ から選び，記号で答えなさい。

歌舞伎は，京都で出雲のお国が始めた「（　①　）」がはじまりといわれます。その名のとおり，歌…（　②　），舞…（　③　），伎…（　④　）の３要素が融合された総合芸術として発展しました。伴奏音楽の１つである（　⑤　）は，唄と（　⑥　），囃子で演奏されます。役者のあでやかな衣装や（　⑦　）という独特の化粧，（　⑧　）と呼ばれる役者が動きを止めてポーズを決める演技など，たくさんの見どころがあります。

┄┄┄┄┄┄┄┄┄┄┄┄┄┄┄┄┄┄┄┄┄┄┄┄┄┄┄┄┄
　㋐　六方　　　㋑　舞踊　　㋒　演技　　㋓　隈取　　㋔　尺八
　㋕　三味線　　㋖　見得　　㋗　音楽　　㋘　長唄　　㋙　かぶき踊
┄┄┄┄┄┄┄┄┄┄┄┄┄┄┄┄┄┄┄┄┄┄┄┄┄┄┄┄┄

①（　　　）　　②（　　　）　　③（　　　）　　④（　　　）

⑤（　　　）　　⑥（　　　）　　⑦（　　　）　　⑧（　　　）

□ ❷ 次の㋐〜㋔を，「勧進帳」でおこる出来事の順に並べなさい。

　㋐　富樫に命じられ，弁慶がにせの勧進帳を読み上げる。

　㋑　富樫が義経一行に酒をふるまい，その礼に弁慶が舞う。

　㋒　弁慶が義経を杖で打つ。

　㋓　変装した義経一行が安宅の関所に着く。

　㋔　関所を通った弁慶が義経に泣いてわびる。

弁慶が義経を杖で打ったのはなぜかな？

（　　　）→（　　　）→（　　　）→（　　　）→（　　　）

❸ 歌舞伎の舞台について，次の図を見て問いに答えなさい。

□ ❶ A〜Dの名前を ┈┈ から選び，記号で答えなさい。

A（　　　）　B（　　　）　C（　　　）　D（　　　）

┄┄┄┄┄┄┄┄┄┄┄┄┄┄┄┄┄┄┄┄┄┄┄┄
　㋐　六方　　㋑　廻り舞台　　㋒　花道
　㋓　黒御簾　　㋔　せり・すっぽん
┄┄┄┄┄┄┄┄┄┄┄┄┄┄┄┄┄┄┄┄┄┄┄┄

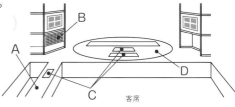

客席

□ ❷ 次の役割をする場所をそれぞれ図の A〜D で答えなさい。

　㋐　舞台と客席をつなぐ場所で，役者の入退場にも使われる。　　　　　（　　　）

　㋑　効果音などを演奏する場所。　　　　　（　　　）

　㋒　役者がのったまま上下するため，突然役者が現れたり消えたりするような効果が出せる。

　　　　　（　　　）

　㋓　舞台装置をのせたまま回転することで場面転換ができる。　　　　　（　　　）

ヒント ❷義経，弁慶，富樫の関係をもう一度思い出そう。主従関係はどうなっていたかな？

Step 1 基本チェック

文楽（人形浄瑠璃）

⏱ 10分

■ 赤シートを使って答えよう！

❶ 文楽について

- □ 別名：［人形浄瑠璃］…三味線とともに物語を語る浄瑠璃と［人形芝居］が合わさったもの。
- □ 成立時期：17世紀末の［江戸］時代
- □ 発祥地：大坂（現在の［大阪府］）
- □ 3つの要素：［太夫］による語り，［三味線］による伴奏音楽，［人形］による演技の三位一体。

太夫▶

❷ 音楽

- □ 物語を進める語りは［義太夫節］。当時の人気作家，近松門左衛門の台本を見事に語って人気となった［竹本義太夫］の名にちなんで付けられた。
- □ 伴奏楽器には，重厚な義太夫節に負けないよう，低い音と豊かな余韻が特徴の［太棹三味線］が使われる。

三味線▶

❸ 人形

- □ 主要な役では，人形1体につき［3］人の人形遣いが遣う。［主遣い］が人形のかしらと右手を，［左遣い］が人形の左手や小道具を，［足遣い］が人形の足を担当する。

❹ 舞台

［手摺］□
これがあることで，客席からは人形の足が地面についているように見える。

［屋体］
舞台上につくられる建物。

［床］□
太夫と三味線は，ここに座って演奏する。

［船底］
客の目線と人形の位置が同じ高さになるように，少し低くなっている。

テストに出る　文楽の語りをする人を何と呼ぶか，「〇〇節」や伴奏楽器の名前もよく出るよ！

Step 2 予想問題 **文楽(人形浄瑠璃)** 15分

❶ **文楽全般について，次の問いに答えなさい。**

□ ❶ 文楽が町人文化として発展したのは何時代ですか。（　）

□ ❷ 文楽の発祥の地はどこですか。現在の都道府県名で答えなさい。（　）

□ ❸ 文楽の別名は何ですか。

❷ **文楽の音楽について，次の問いに答えなさい。**

□ ❶ 文楽で演奏される三味線音楽を次から選び，記号で答えなさい。

　ア 囃子（はやし）　イ 長唄（ながうた）　ウ 義太夫節

□ ❷ 右の写真のAの人を何と呼びますか。漢字2文字で答えなさい。（　）

□ ❸ 右の写真のBの人が演奏している楽器について述べた文です。正しいものに〇，誤っているものに×をつけなさい。

　ア 棹（さお）が太く，義太夫三味線とも呼ばれる。（　）

　イ 指で弦をはじいて音を出す。（　）

　ウ 語りの迫力に負けない，力強く豊かな低音が出せる。（　）

❸ **右の写真を見て答えなさい。**

□ ❶ 主な役を演じる人形は，1体を何人で遣いますか。（　）

□ ❷ Aの人を何と呼びますか。記号で答えなさい。（　）

　ア 頭遣い　イ 左遣い　ウ 主遣い

□ ❸ Aの人が担当する人形の部位はどこか，記号で答えなさい。（　）

　ア かしらと右手　イ 両手　ウ 両足

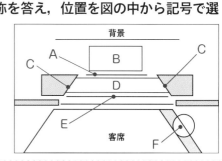

❹ **文楽の舞台を上から見た図を見て，次の❶・❷の名称を答え，位置を図の中から記号で選びなさい。**

□ ❶ 語る人と三味線を演奏する人が座る場所

　名称（　）　記号（　）

□ ❷ 客席から人形が見えやすいように，少し低くなっている場所

　名称（　）　記号（　）

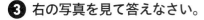

ヒント ❷❸イ 写真をよく見てみよう。奏者は右手に何を持っているかな？

総合問題②（2年のまとめ）

30分　／100点　目標 70点

1 「夏の思い出」の楽譜を見て，あとの問いに答えなさい。

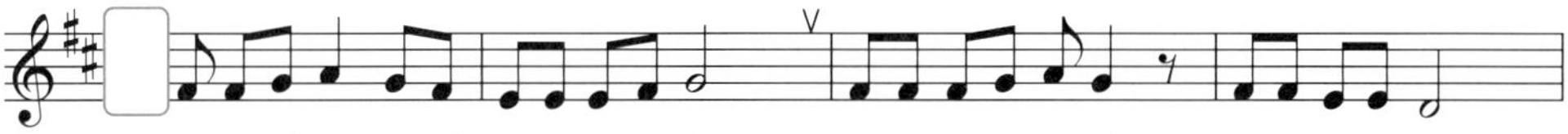
なつがくれば　おもいだす　はるかなおぜ　とおいそら

□ 1 この曲の作詞者を選び，記号で答えなさい。

㋐ 江間章子　㋑ 三木露風　㋒ 林 古溪

□ 2 □に入る休符を書きなさい。

□ 3 この曲の拍子を分数の形で答えなさい。

□ 4 上の楽譜の歌い出しの強さとして適するものを選び，記号で答えなさい。

㋐ *pp*　㋑ *mp*　㋒ *ff*

2 「荒城の月」の楽譜を見て，あとの問いに答えなさい。

mf
はるこうろうの　はなのえん　めぐるさかずき　かげさして

□ 1 この曲の作曲者を答えなさい。

□ 2 この曲の速度を次から選び，記号で答えなさい。

㋐ **Moderato**　㋑ **Allegro**　㋒ **Andante**

□ 3 この曲の特徴を述べた文として正しいものには○，誤っているものには×をつけなさい。

㋐ 堂々たる城の天守閣をながめながら，花見の宴会をしている様子が歌われている。

㋑ 七五調の歌詞が短調の旋律にのって歌われる。

㋒ 今はもう荒れ果ててしまった，かつての城の栄華に思いをはせた歌である。

3 「フーガ ト短調」について，次の問いに答えなさい。

□ 1 この曲の作曲者を答えなさい。

□ 2 この曲を演奏する楽器について，次の（　）にあてはまる言葉を［　］から選び，記号で答えなさい。

この曲は（ ① ）の独奏で演奏される。(①)は手や足の（ ② ）を押すことでパイプに（ ③ ）が送り込まれ，音が出る。左右の（ ④ ）を操作して音色を変えることができる。

㋐ パイプオルガン　㋑ チェンバロ　㋒ 鍵盤　㋓ 水
㋔ 空気　㋕ ストップ　㋖ スイッチ

□ 3 下のA・Bの旋律をそれぞれ何というか，漢字2文字ずつで答えなさい。

A 

B 

成績評価の観点 [思]…音楽についての思考・判断・表現　[思]のマークがない問題は，全て音楽についての知識・技能の問題です。

❹「交響曲第５番 ハ短調」について，次の問いに答えなさい。

□ ❶ 作曲者のベートーヴェンについて，次の（　）にあてはまる言葉を[　]から選び，記号で答えなさい。
彼は（　①　）で生まれ，（　②　）で活躍した。音楽史上は（　③　）からロマン派の時代にあたる。９曲の（　④　）のほか優れた曲を多く残し，後の作曲家にも大きな影響を与えた。

㋐ ウィーン　㋑ ドイツ　㋒ バロック　㋓ 古典派　㋔ 交響曲　㋕ 協奏曲

□ ❷ この曲の第１楽章は，なんという形式で書かれていますか。

□ ❸ ❷の形式の説明として正しいものを次から１つ選び，記号で答えなさい。

㋐　１つの主題をさまざまに模倣して繰り返す。

㋑　提示部，展開部，再現部で構成され，コーダが付く場合もある。

㋒　複数の声部がお互いの旋律を追いかける。

❺「アイーダ」について，次の問いに答えなさい。

□ ❶ この作品の作曲者と生まれた国を書きなさい。

□ ❷ この作品に出てくる次の登場人物の名前を書きなさい。

①　エジプトの将軍　　②　エチオピアの王女

❻ 歌舞伎「勧進帳」について，次の問いに答えなさい。

□ ❶ 歌舞伎が今の形に確立されたのは何時代ですか。

□ ❷「勧進帳」で使われている音楽を次から選び，記号で答えなさい。

㋐ 義太夫節　㋑ 長唄　㋒ 雅楽

□ ❸「勧進帳」を家族や友達に紹介する文章を，次の言葉を使って自由に書きなさい。[思]

弁慶　義経　富樫　安宅の関

❶ 各３点	❶	❷	❸	❹	
❷ 各３点	❶	❷	❸ ㋐	㋑	㋒
❸ 各３点	❶	❷ ①	②	③	④
	❸ A	B			
❹ 各４点	❶ ①	②	③	④	
	❷	❸			
❺ 各３点	❶ 作曲者：	生まれた国：			
	❷ ①	②			
❻ 各４点 ❸８点	❶	❷			
	❸				

❶　／12点　❷　／15点　❸　／21点　❹　／24点　❺　／12点　❻　／16点

［解答 ▶p.8］

Step 1 基本チェック ● **合唱のまとめ** 10分

■ 赤シートを使って答えよう！

❶ 発声のポイント

- ☐ 呼吸：歌うときの呼吸の基本は，［腹式］呼吸である。腰回りやおなか，［背中］の筋肉を使い，すばやく息を［吸って］ゆっくりむらなく息を吐く。［肩］や胸に力を入れずに息を吸うことも大切。
- ☐ 姿勢：［両足］を少し開いて立ち，下半身を安定させる。また［上半身］の力を抜き，［背筋］を伸ばし，バランスのよい姿勢を心がける。
- ☐ 響き：［頭］の上に向かって声が出るイメージで響かせるとよい。眉や［頬］を上げて，響きを集める。
- ☐ 変声期：小学高学年から中学生くらいの時期には，特に男子は声が1オクターヴくらい［低く］なる。この時期は無理な発声をせず，［歌いやすい］音域を歌うことが大切である。

❷ 合唱のパート

	形態		パート名	内容
☐	［混声三部］	合唱	ソプラノ	女声の高い音を歌うパート
☐			アルト	女声の低い音を歌うパート
☐			男声	男声は同じ1つのパートを歌う
☐	［混声四部］	合唱	ソプラノ	女声の高い音を歌うパート
☐			アルト	女声の低い音を歌うパート
☐			テノール	男声の高い音を歌うパート
☐			バス	男声の低い音を歌うパート

❸ パートの役割

- ☐ ［主旋律］のパート：その曲のいちばん中心となる旋律を歌う。
- ☐ ［ハーモニー］をつくるパート：主旋律と同じリズムで異なる音を重ね，響きを豊かにする。
- ☐ ［オブリガート］のパート：主旋律を飾る役割。主旋律とは異なるリズムや音，または歌詞がなく「Ah」や「Lu」などで歌ったりする。

 合唱のパートの名前はしっかり覚えておこう。

❶ 合唱に取り組むときのポイントについて，次の問いに答えなさい。

☐ **❶** 歌うときの呼吸として，正しいものを次から選び，記号で答えなさい。 （　　　　）

　　　㋐　ゆっくり吸って，胸の力を使って勢いよくすばやく吐く。

　　　㋑　すばやく吸って，おなかや背中の筋肉を使ってゆっくり吐く。

　　　㋒　のどに力を入れて，すばやく吸ってすばやく吐く。

☐ **❷** 歌うときにふさわしい呼吸法を何呼吸といいますか。 （　　　　）

☐ **❸** 小学校高学年から中学生くらいに起こる，声の変化の時期を何といいますか。 （　　　　）

☐ **❹** ❸の時期に気を付けるべきこととして正しいものには〇，誤っているものには✕をつけなさい。

　　　㋐　声を出しやすくするために，できるだけ大きな声で歌う。 （　　　）

　　　㋑　無理のない歌いやすい音域を歌うようにする。 （　　　）

　　　㋒　出にくい音域もあきらめずに，たくさん練習する。 （　　　）

❷ 合唱のパートについて，次の問いに答えなさい。

☐ **❶** 次の①・②のような構成の合唱形態を何というか書きなさい。

　　　①　ソプラノ・アルト・男声 （　　　　）

　　　②　ソプラノ・アルト・テノール・バス （　　　　）

☐ **❷** 各パートの説明として正しいものには〇，誤っているものには✕をつけなさい。

　　　㋐　ソプラノは女声のいちばん高いパートで，常に主旋律を歌う。 （　　　）

　　　㋑　混声四部合唱のときには，男声は飾りやハーモニーをつくる旋律を受け持つ。（　　　）

　　　㋒　テノールは男声のいちばん高いパートで，主旋律を歌うこともある。 （　　　）

❸ 「翼をください」の楽譜を見て，あとの問いに答えなさい。

☐ **❶** 上の楽譜で女声パート，男声パートの役割としてあてはまるものをそれぞれ選び，記号で答

えなさい。　　　　　　　　　　女声パート（　　　　）　　男声パート（　　　　）

　　　㋐　オブリガートの旋律を歌う役割。　　㋑　主旋律を歌う役割。

　　　㋒　同じリズムで音を重ねて，ハーモニーをつくる役割。

☐ **❷** 上の楽譜を歌うときに注意することとしてあてはまるものを次から1つ選び，記号で答えなさい。

　　　㋐　パートの個性が出るように，一人一人が大きな声で歌う。 （　　　）

　　　㋑　小さめの声で，お互いの響きを聴き合って歌う。

　　　㋒　主旋律が引き立つように，各パートのバランスを考えて歌う。

Step 1 基本チェック 花

10分

■ 赤シートを使って答えよう！

は　る　の　う　ら─ら─の

❶ 曲のポイント

☐ 作詞者：[武島羽衣]…詩人，国文学者。

☐ 作曲者：[滝 廉太郎]…日本に西洋音楽の様式を取り入れた第一人者。
ほかの代表曲に「荒城の月」など。

☐ 調：[ト長調]… ♯ が1つの長調。

☐ 拍子：[4分の2拍子]…4分音符を1拍として，1小節が[2]拍になっている。

☐ 速度：♩=60～66…[1]分間に4分音符を[60 ～ 66]打つ速さ。

☐ 形式：[二部]形式…A（a−a'）B（b−a"）という大きな[2]つのまとまり。

❷ 使われている音楽記号

	記号	読み方	意味
☐	**p**	ピアノ	弱く
☐	**mf**	メッゾ フォルテ	少し強く
☐	**f**	フォルテ	強く
☐	*rit.*	リタルダンド	だんだん遅く
☐	*a tempo*	ア テンポ	もとの速さで
☐	⌢	フェルマータ	その音符(休符)を [ほどよく延ばして]

❸ 歌詞の意味と内容

☐「たとうべき」……[たとえたら]よいのだろうか。

☐「見ずや」…………[見てごらん]

☐「あけぼの」………[夜明け]

☐「げに」……………[ほんとうに]

☐「一刻も千金の」……ひとときさえもとても[価値のある]

少し難しい言葉が多いけど，旋律にうまくのっていて歌いやすいね。

☐ ❹ 使われている音符と休符

①[16分休符]

②[16分音符]

 歌詞（文語）の意味はよく出題されるよ！

Step 2 予想問題 ： 花

15分

❶ この曲の冒頭の楽譜を見て，あとの問いに答えなさい。

は　　るの　う　ら－ら－の　　す－み－だ　が　わ

□ ❶ 作詞者名を書きなさい。 （　　　　　　　　）

□ ❷ 作曲者名を書きなさい。 （　　　　　　　　）

□ ❸ この曲の作曲者のほかの代表曲を㋐～㋓から選び，記号で答えなさい。 （　　　　）

㋐　赤とんぼ　　㋑　浜辺の歌　　㋒　荒城の月　　㋓　早春賦

□ ❹ 上の楽譜の①・②に入る休符をそれぞれ㋐～㋒から選び，記号で答えなさい。

㋐　𝄾　　㋑　𝄾　　㋒　𝄾　　　　　　①（　　　）②（　　　）

□ ❺ 歌い始めの強さについて，適するものを選び，記号で答えなさい。 （　　　　）

㋐　強く　　㋑　少し強く　　㋒　少し弱く　　㋓　弱く

❷ 1番の楽譜です。▢に入る旋律をそれぞれ下の㋐～㋒から選び，記号で答えなさい。

①（　　　）②（　　　）

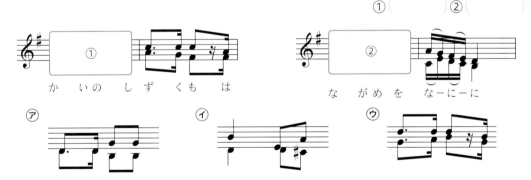

か　いの　し　ず　くも　は　　　　　　な　がめ　を　な－に－に

❸ 1番の歌詞について答えなさい。

春の①うららの隅田川　　Ａ　　船人が
櫂のしずくも　Ｂ　　ながめを何に②たとうべき

□ ❶ Ａ・Ｂに入る歌詞を書きなさい。　　　Ａ（　　　　　　　　）
　　　　　　　　　　　　　　　　　　　Ｂ（　　　　　　　　）

□ ❷ ①と②の歌詞の意味を次から選び，記号で答えなさい。　①（　　　）②（　　　）

㋐　終わりの　　㋑　裏側の　　㋒　たとえたらよいのだろうか
㋓　問えばよいのだろうか　　㋔　柔らかい日ざしを受けている

❶ヒント ❷ 歌詞を見て，歌を思い出しながら考えよう。高い音は五線譜の上の方にあるよ。

2・3
下
歌
唱
曲

Step 1 基本チェック ・・・ 花の街

10分

なない　ろのたに　を　こえ　て

■ 赤シートを使って答えよう！

❶ 曲のポイント

□ 作詞者：[江間章子] … 詩人。「夏の思い出」の作詞者でもある。
□ 作曲者：[團 伊玖磨] … ほかの代表曲にオペラ「夕鶴」や混声合唱組曲「筑後川」など。
□ 調：[ヘ長調] … ♭が 1 つの長調。
□ 拍子：[4 分の 2 拍子] … 4 分音符を 1 拍として，1 小節が [2] 拍になっている。
□ 速度：♩=72~84 … [1] 分間に 4 分音符を [72 〜 84] 打つ速さ。

❷ 使われている音楽記号

	記号	読み方	意味
□	*mp*	メッゾ ピアノ	少し弱く
□	*mf*	メッゾ フォルテ	少し強く
□	*f*	フォルテ	強く
□	<	クレシェンド	だんだん強く
□	>	デクレシェンド	だんだん弱く
□	*crescendo*	クレシェンド	だんだん強く

❸ 使われている休符

[8 分休符]

♪（8分音符）と同じ長さの休符だよ。

❹ 作品の背景

□ 戦後，焼け野原となった日本の街が，[花] であふれるようにという願いをこめてつくられた。

❺ 旋律と強弱

□ 旋律が上行（音が高くなっていく）するときは[クレシェンド]し，下行（音が低くなっていく）するときは[デクレシェンド]している。

 詩がつくられた背景はよく出題されるよ！

Step 2 予想問題 　**花の街**　

15分

❶ この曲の冒頭（ぼうとう）の楽譜（がくふ）を見て，あとの問いに答えなさい。

な　な　い　ろ　の　た　に　を　こ　え　て

□ ❶ 作詞者名を下の ___ から選んで書きなさい。

□ ❷ 作曲者名を下の ___ から選んで書きなさい。

三木露風（みきろふう）　江間章子（えましょうこ）　中田喜直（なかだよしなお）　團伊玖磨（だんいくま）　滝廉太郎（たきれんたろう）

□ ❸ この曲は何分の何拍子ですか。①に拍子記号を書きなさい。

□ ❹ ②に入る強弱記号を㋐〜㋒から選び，その意味も書きなさい。　　　記号（　　　）

　　㋐ *pp*　　㋑ *mp*　　㋒ *f*　　　　　　　　　　　　　意味（　　　）

□ ❺ ③に入る休符を㋐〜㋒から選び，記号で答えなさい。

　　㋐ 𝄽　　㋑ 𝄾　　㋒ 𝄿　　　　　　　　　　　　　　　　（　　　）

❷ この曲の後半部分の楽譜を見て，あとの問いに答えなさい。

mf　cre - - - - - scen - - - - - - - - - - - - do ←①　　②

わ　に　な　ー　っ　て　　わ　に　な　ー　っ　て　　かけ　て　いー　った　よ

□ ❶ ①の記号の読み方と意味を書きなさい。

　　　　　　　　読み方（　　　）　　意味（　　　）

□ ❷ ①の記号と同じ意味をもつ記号を㋐〜㋒から選び，記号で答えなさい。　　（　　　）

　　㋐ ▷　　㋑ ◁　　㋒ ⌒

□ ❸ ②に入る強弱記号を㋐〜㋓から選び，記号で答えなさい。　　　　　　　（　　　）

　　㋐ *p*　　㋑ *mp*　　㋒ *mf*　　㋓ *f*

□ ❹ この部分の旋律の特徴として正しいほうを選び，記号で答えなさい。　　（　　　）

　　㋐ 旋律が上行するにしたがい，強弱記号は強くなっている。

　　㋑ 旋律が上行するにしたがい，強弱記号は弱くなっている。

□ ❺ この曲の歌詞にこめられた思いを㋐〜㋒から選び，記号で答えなさい。　　（　　　）

　　㋐ 旅先で見た美しい自然や街の風景を忘れまいと思う気持ち。

　　㋑ 戦後，焼け野原になった日本中の街に，いつか美しい花々が咲くことを願う気持ち。

　　㋒ 幼い頃のふるさとの風景をなつかしく思う気持ち。

ヒント ❷❸ 1小節目についている強弱記号に注目。*mf*（少し強く）から次第に音量が変化しているね。

2・3下 歌唱曲

Step 1 　基本チェック ● ● ● そうしゅんふ
早春賦

🕙 10分

■ 赤シートを使って答えよう！

は　る　はな　の　み　の

❶ 曲のポイント

□ 作詞者：［ 吉丸一昌 ］…国文学者。音楽教育に力を尽くした。
よしまるかずまさ
□ 作曲者：［ 中田 章 ］…「夏の思い出」を作曲した中田喜直の父。
なか だ あきら　　　　　　　　　　　　　　よしなお
□ 調：［ 変ホ長調 ］…♭が 3 つの長調。
□ 拍子：［ 8 分の 6 拍子 ］…［ 8 ］分音符を 1 拍として，1 小節が［ 6 ］拍になっている。
ひょうし　　　　　　　　　　　　　　おんぷ　　　　　　ばく
　　　　　　　　　　　　　　　　［ 3 ］拍分をまとめてとらえ，大きく 2 拍子として演奏する。
□ 速度：♪=116 …［ 1 ］分間に［ 8 ］分音符を 116 打つ速さ。

❷ 使われている音楽記号

	記号	読み方	意味
□	***mf***	メッゾ フォルテ	少し強く
□	***f***	フォルテ	強く
□	***p***	ピアノ	弱く
□	*rit.*	リタルダンド	だんだん遅く
□	*a tempo*	ア テンポ	もとの速さで

❸ 歌詞の意味と内容

□ まだ寒い冬景色の中で，もうすぐ訪れる［ 春 ］を待ちわびる気持ちを歌っている。
□「時にあらずと」………まだ［ その時ではないと ］
□「角ぐむ」……………芽が［ 出始める ］
　つの
□「さては時ぞと」………今が［ その時だと ］
□「思うあやにく」………思ったのに，［ あいにく ］
□「知らでありしを」……［ 知らないでいたものを ］

この曲がつくられた
大正時代の書き言葉
（文語）だよ。

❹ 旋律と強弱
せんりつ

□ 旋律が上行（音が高くなっていく）するときは［ クレシェンド ］し，下行（音が低くなっていく）
　するときは［ デクレシェンド ］している。

 テストに出る　歌詞（文語）の意味はよく出題されるよ！

Step 2 予想問題 : 早春賦

15分

❶ この曲の冒頭の楽譜を見て，あとの問いに答えなさい。

① は　る　は　な　の　み　の　か　ぜ　の　さ　む　さ　や　一

☐ ❶ 作詞者名を下の ┆ ┆ から選んで書きなさい。　　　　　（　　　　　　　　　）

☐ ❷ 作曲者名を下の ┆ ┆ から選んで書きなさい。　　　　　（　　　　　　　　　）

江間章子（えま しょうこ）　吉丸一昌（よしまるかずまさ）　中田 章（なか だ あきら）　成田為三（なり た ためぞう）

☐ ❸ この曲は何分の何拍子ですか。①に拍子記号を書きなさい。

☐ ❹ ②の記号の読み方と意味を書きなさい。　　　　読み方（　　　　　　　　　）

　　　　　　　　　　　　　　　　　　　　　　　　意味（　　　　　　　　　）

☐ ❺ ③〜⑤に入る強弱記号を ┆ ┆ から選んで書きなさい。同じものを何度使ってもかまいません。

　　③（　　　　　）　　④（　　　　　）　　⑤（　　　　　）

　　　　　　　　　┆　　　＜　　　　　　＞　　　┆

☐ ❻ 上の楽譜の歌詞「はるはなのみの　かぜのさむさや」の大意（だいたいの意味）を書きなさい。

　　（　　　　　　　　　　　　　　　　　　　　　　　　　　　　）

☐ ❼ この歌は，どのようにリズムをとらえて歌うとよいですか。　　　に適する数字を書き入れなさい。

　　♩♪♪ を（　　　　　　）つのまとまりにとらえて，大きく（　　　　　　）拍子に感じて歌う。

❷ この曲の歌い方などについて，あとの問いに答えなさい。

☐ ❶ この曲は，冒頭に作者からの歌い方の指示があります。次の㋐〜㋒から適するものを選び，記号で答えなさい。　　　　（　　　　　　）

　　㋐　はつらつと元気よく　　㋑　明るく決然と　　㋒　感情をこめて

☐ ❷ 次の歌詞の意味を書きなさい。

　　①　時にあらずと　　（　　　　　　　　　　　）

　　②　角ぐむ　　　　　（　　　　　　　　　　　）

　　③　知らでありしを　（　　　　　　　　　　　）

☐ ❸ この曲の歌い方について，正しいものを㋐〜㋓から2つ選び，記号で答えなさい。

　　㋐　強弱はあまりつけず，できるだけ一定の音量で歌う。

　　㋑　旋律の動きと強弱の関係をよく理解して歌う。

　　㋒　言葉を大切に，なめらかに歌う。

　　㋓　1音1音を強調し，拍をしっかりきざんで歌う。　　　　（　　　　　）（　　　　　）

ヒント ❶❼ ♪を1拍と感じてしまうと，1，2，3，4，5，6…とせわしなくなってしまうね。

| Step 1 基本チェック | 帰れソレントへ（Torna a Surriento） | 10分 |

うるわしの ソ レ ン ト

■ 赤シートを使って答えよう！

❶ 曲のポイント

☐ 作詞者：G.B. デクルティス　作曲者：E. デクルティス
☐ 出身国：［ イタリア ］
☐ 調：出だしは♭が 3 つの ［ ハ短調 ］ ⇒ 途中，調号なしの ［ ハ長調 ］ に変化。
☐ 拍子：［ 4 分の 3 拍子 ］…4 分音符を 1 拍として，1 小節が ［ 3 ］ 拍になっている。
☐ 速度：［ Moderato ］… 読み方は ［ モデラート ］。意味は「 ［ 中ぐらい ］ の速さで」。

❷ 使われている音楽記号

	記号	読み方	意味
☐	*rit.*	リタルダンド	だんだん遅く
☐	*a tempo*	ア テンポ	もとの速さで
☐	⌢	フェルマータ	その音符(休符)を ［ ほどよく延ばして ］
☐	𝅘𝅥>	アクセント	その音を ［ 目立たせて，強調して ］

❸ 調の変化

☐ 曲は，2 つの調の間を行き来する。下の楽譜のＡの部分は ［ ハ短調 ］，Ｂの部分は ［ ハ長調 ］。
　このように曲の途中で調が変わることを ［ 転調 ］ という。

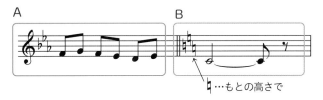

♮…もとの高さで

☐ 主音(音階の最初の音)が同じ長調と短調の関係のことを ［ 同主調 ］ という。

ハ長調　　　　　　　　　　ハ短調

主音が同じ

 テストに出る　調の変化はよく出題されるよ！

Step 2 予想問題 ： **帰れソレントへ** (Torna a Surriento)　15分

❶ この曲の中間部分の楽譜(がくふ)を見て，あとの問いに答えなさい。

雰囲気(ふんいき)がかわる
ところだね！

おもいでさそう　ー

☐ ❶ ①・②に入る正しい調号を，それぞれ㋐〜㋓から選びなさい。　①（　　　　）②（　　　　）

☐ ❷ ❶で選んだ調号は，それぞれ何調かを答えなさい。　①（　　　　）調　②（　　　　）調

☐ ❸ 主音が同じ短調と長調の関係を何と言いますか。漢字３文字で答えなさい。（　　　　）

☐ ❹ 上の楽譜のように，曲の途中で調が変わることを何と言いますか。　（　　　　）

☐ ❺ Aに入る表示を㋐〜㋒から選び，その意味も書きなさい。

　㋐ *accel.*　　㋑ *a tempo*　　㋒ *rit.*

　　　　　　　記号（　　　）意味（　　　　）

❷ この曲の最後の部分の楽譜を見て，あとの問いに答えなさい。

この　ソ　レーン　トへ　ー　かえ　れ　よ

☐ ❶ ☐には同じ記号が入ります。次の㋐〜㋓から選び，その意味も書きなさい。

　㋐ ー　　㋑ ⌢　　㋒ ・　　㋓ ＞

　　　　　　　記号（　　　）意味（　　　　）

☐ ❷ Aの記号の読み方を書き，その意味を次の㋐〜㋒から選びなさい。

　㋐ その音の長さをじゅうぶんに保って

　㋑ その音符をほどよく延ばして

　㋒ その音符を目立たせて，強調して

　　　　　　　読み方（　　　　　　　）意味（　　　）

☐ ❸ 「帰れソレントへ」について，正しいものには○，誤っているものには×を書きなさい。

　㋐ この曲はイタリアの人がつくった曲で,もともとの詩はイタリアの言葉で書かれている。（　　）

　㋑ この曲は最初から最後まで短調で哀愁をおびた曲想である。（　　）

　㋒ この曲は,長調と短調の間を行き来することで曲想が変化している。（　　）

　㋓ この曲はテヌートやスタッカートなどを効果的に使い,歌い方に変化をつけている。（　　）

🔑ヒント ❷❶ 曲の最後，盛り上がるところだね。１音１音をはっきりと，決然と歌うよ。

2・3 下 歌唱曲

Step 1 **基本チェック** ・・・ **ブルタバ(モルダウ)** 10分

■ 赤シートを使って答えよう！

❶ 曲のポイント

□ 作曲者：［ スメタナ ］…［ チェコ ］生まれの作曲家。自国の民族音楽を作品に取り入れた
［ 国民楽派 ］の作曲家の一人。

□ 演奏形態：［ オーケストラ ］（管弦楽）で演奏される。

□ 曲の種類：［ 交響詩 ］…絵画的，文学的な内容をオーケストラで表現する音楽。

□ 曲の概要：全6曲からなる連作交響詩「［ 我が祖国 ］」の中の第2曲。ブルタバ川の流れに沿っ
て沿岸の情景が描かれており，曲ごとに作曲者自身が［ 標題 ］を付けている。

□ 作曲の背景：当時，作曲者の祖国は［ オーストリア ］の強い支配を受けており，祖国への強い
思いを託してこの曲をつくった。

▲「ブルタバ」作曲当時のヨーロッパ

▲現在のヨーロッパ

❷ 場面を表す旋律と，演奏する主な楽器

□ ブルタバの［ 2つの源流 ］

フルートと［ クラリネット ］

□ 森の［ 狩猟 ］

［ ホルン ］

□ 農民の［ 結婚式 ］

ヴァイオリンとクラリネット

□ 幅広く流れる［ ブルタバ ］

木管楽器，ヴァイオリン

 テストに出る 曲の概要や各旋律の内容はよく出題されるよ！ 交響曲との違いもおさえておこう。

Step 2 予想問題 ブルタバ（モルダウ）

15分

❶ 「ブルタバ」について，次の問いに答えなさい。

☐ **❶** 作曲者名と生まれた国を書きなさい。

作曲者（　　　　　　　　　）　生まれた国（

☐ **❷** この作曲者は音楽史上で何派と呼ばれますか。次から選び，記号で答えなさい。（

㋐　古典派　　㋑　国民楽派　　㋒　印象派

☐ **❸** この作曲者が**❷**のように呼ばれる理由を選び，記号で答えなさい。　　　　　（　　　　）

㋐　ソナタ形式を確立し，現在につながる音楽の基礎的な形式を生み出したから。

㋑　自国の民謡や民族色豊かな音楽を曲に取り入れ，愛国心にあふれた音楽をつくったから。

㋒　絵画に影響を受けて，その心象を音楽で表現したから。

☐ **❹** 「ブルタバ」の作曲者と同様に，**❷**の楽派の一人といわれる作曲者とその代表曲の組み合わせを

選び，記号で答えなさい。

㋐　ベートーヴェン−交響曲第5番

㋑　ヴィヴァルディ−四季より「春」

㋒　シベリウス−フィンランディア

> シベリウスはフィンランドの作曲家だよ。

☐ **❺** この曲の演奏形態を次から選び，記号で答えなさい。

㋐　合唱　　㋑　オーケストラ(管弦楽)　　㋒　弦楽合奏　　㋓　協奏曲　　（　　　　）

☐ **❻** 絵画的，文学的な内容を表現したオーケストラのための音楽を漢字3文字で何といいますか。

（　　　　　　　　　）

❷ 「ブルタバ」の旋律について，次の問いに答えなさい。

☐ **❶** 次の楽譜は，冒頭の「第1，第2の源流」を表す旋律です。それぞれ演奏する楽器名を答えなさい。

第1の源流　　　　　　第2の源流

第1の源流（
第2の源流（

☐ **❷** 次の①〜③の旋律が表す情景を選び，記号で答えなさい。

㋐　聖ヨハネの急流

㋑　農民の結婚式

㋒　幅広く流れるブルタバ

㋓　森の狩猟

①（　　　　）　②（　　　　）　③（　　　　）

ヒント **❷❷**③は，スタッカートに注目。陽気に跳ねるような旋律だね。

Step 1 基本チェック ：ボレロ

10分

■ 赤シートを使って答えよう！

❶ 曲のポイント

☐ 作曲者：[ラヴェル]…[フランス] 生まれの作曲家。管弦楽法(オーケストラ曲の作曲技術)
にすぐれ,「[オーケストラ] の魔術師」といわれている。

☐ 作曲当時：もともとは [バレエ] のための曲としてつくられた。

❷ 曲の特徴

☐ 繰り返される同じ [リズム]…スペインの 3 拍子系の舞曲である [ボレロ] のリズムが取り
入れられており, [小太鼓] によって演奏される。

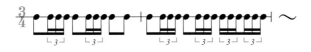 

☐ 繰り返される 2 つの [旋律]

☐ 多彩に組み合わせられるさまざまな [楽器]

▲テナー サックス　▲ピッコロ　▲オーボエダモーレ　▲ヴァイオリン　▲チェレスタ

☐ ひたすら [クレシェンド] していくシンプルな構成

テストに出る　ずっと同じリズムを演奏する楽器はよく出題されるよ！

54

Step 2 予想問題 : ボレロ

15分

❶ 「ボレロ」について，次の問いに答えなさい。

□ **①** 作曲者名と生まれた国を書きなさい。

作曲者（　　　　　　　　　　　　　）　　生まれた国（　　　　　　　）

□ **②** この作曲者が「オーケストラの魔術師」と呼ばれる理由を選び，記号で答えなさい。（　　）

⑦ ソナタ形式を確立し，現在につながる音楽の基礎となる形式を生み出したから。

④ 自国の民謡や民族色豊かな音楽を曲に取り入れ，愛国心にあふれた音楽をつくったから。

⑦ オーケストラ曲の作曲術にすぐれ，色彩豊かな作品を多くつくったから。

□ **③** この曲はもともと何のためにつくられたか，次から選び，記号で答えなさい。（　　）

⑦ オペラ　　④ オーケストラ(管弦楽)　　⑦ 弦楽合奏　　① バレエ

❷ 全曲を通して繰り返される「ボレロ」のリズムについて，あとの問いに答えなさい。

3連符が使われているね。

□ **①** このリズムは何分の何拍子ですか。（　　　　　　）

□ **②** このリズムは作曲者が生まれた地域に近い，ある国の舞曲のリズムです。
その国の名前を答えなさい。（　　　　　　）

□ **③** このリズムを繰り返し演奏する楽器の名前を書きなさい。（　　　　　　）

❸ 次の楽器の名前を ┌┈┐ から選んで書きなさい。

□① 　　　□② 　　　□③ 　　　□④ 　　　□⑤

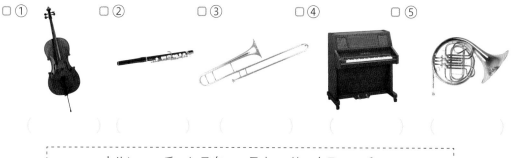

（　　　）　（　　　）　（　　　）　（　　　）　（　　　）

> ホルン　　チェレスタ　　テナー サックス　　チェロ
> ファゴット　　ピッコロ　　トロンボーン　　トランペット

□ **❹** 次の文章について，正しいものには〇，誤っているものには✕を書きなさい。

⑦ 「ボレロ」に出てくる主な旋律は2つである。（　　）

④ 「ボレロ」は，急に強くなったり弱くなったり強弱の変化が激しい曲である。（　　）

⑦ 「ボレロ」は速さの変化がなく，一定の速度で演奏される。（　　）

ヒント ❹⑦「ボレロ」は冒頭から一貫したリズムが繰り返し演奏される曲だね。

Step **1** 基本 チェック ● 尺八楽「巣鶴鈴慕」 ⏱ 10分

■ 赤シートを使って答えよう！

❶ 楽器について

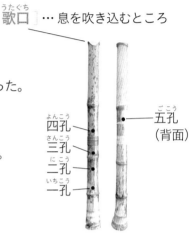

[歌口]… 息を吹き込むところ

□ 素材：[竹]
□ 標準的な長さ：[一]尺[八]寸（約55cm）
　　　　　　… このことから「尺八」と呼ばれるようになった。
□ 指孔の数：前面に[4]つ，背面に[1]つ。
□ 歴史：[江戸]時代はある宗派の僧の修行の一つだった。
　　　　一般に広く演奏されるようになったのは[明治]時代。

四孔（よんこう）
三孔（さんこう）
二孔（にこう）
一孔（いちこう）
五孔（ごこう）（背面）

❷ 奏法について

□ 基本となる音の数：以下の[6]つだが，さまざまな奏法の工夫によりこの間の音や，これより高い音も出せる。

◀一尺八寸管を用いた場合

□ [カリ]… あごを出して吹き，
　　　　　本来の音の高さより上げる奏法。
□ [メリ]… あごを引いて吹き，
　　　　　本来の音の高さより下げる奏法。

カリ▶

メリ▶

❸ 曲の内容

□「巣鶴鈴慕」のもととなった曲：「[鶴の巣籠]」
□「巣鶴鈴慕」が描く物語：[鶴]の親子の
　　　[(情愛と別れ) ・ 新たな土地での生活]
□ 段の数：[12]段
　　※「段」とは，西洋音楽でいう「楽章」の小さなもの。

テスト に出る　代表的な2つの奏法の名前はよく出題されるよ！

Step 2 予想問題 尺八楽「巣鶴鈴慕」

15分

❶ 尺八について，次の問いに答えなさい。

□ ❶ 尺八は，もともとどのような用途で使われていた楽器ですか。記号で答えなさい。（　　　）

　　　㋐　ある宗派の僧の修行　　㋑　身分の高い人の娯楽　　㋒　庶民の娯楽

□ ❷ 右の写真のような人のことを何と呼びますか。記号で答えなさい。

　　　㋐　虚無僧　　㋑　検校　　㋒　太夫　　　　　　　（　　　）

□ ❸ 尺八が広く一般に演奏されるようになったのは何時代ですか。

　　記号で答えなさい。　　　　　　　　　　　　　　　（　　　）

　　　㋐　鎌倉時代　　㋑　江戸時代　　㋒　明治時代

□ ❹ 標準的な尺八の長さを次から選び，記号で答えなさい。（　　　）

　　　㋐　八尺一寸　　㋑　一尺八寸　　㋒　一尺三寸

□ ❺ ❹の長さを次から選び，記号で答えなさい。　　　（　　　）

　　　㋐　約35cm　　㋑　約45cm　　㋒　約55cm

□ ❻ 尺八の息の吹き込み口のことを何といいますか。（　　　）

□ ❼ 一般的な尺八の指孔の数は，前面・背面合わせていくつですか。記号で答えなさい。

　　　㋐　5　　㋑　8　　㋒　10　　　　　　　　　　　　（　　　）

2・3
下
鑑賞曲

❷ 次の尺八の奏法の名前を答えなさい。

□ ❶ あごを引いて吹き，本来の音の高さより下げる奏法。（　　　）

□ ❷ あごを出して吹き，本来の音の高さより上げる奏法。（　　　）

□ **❸ 次の文章について，正しいものには〇，誤っているものには×を書きなさい。**

　　㋐　「巣鶴鈴慕」のもととなった曲は箏曲の「六段の調」である。（　　　）

　　㋑　「巣鶴鈴慕」は，全部で6段の曲である。（　　　）

　　㋒　「巣鶴鈴慕」は，鶴の親子の情愛と別れを表現した曲である。（　　　）

　　㋓　尺八では，基本となる6つの音しか出せない。（　　　）

　　㋔　尺八の素材は竹である。（　　　）

　　㋕　尺八には，メリやカリ以外にも多彩な奏法がある。（　　　）

シンプルな楽器だからこそ，奏法の工夫で
自由で豊かな表現が生み出せるんだね。

ヒント ❶❺ 一寸は約3cm。一尺は十寸だから約30cmだよ。

Step **1** | **基本チェック** | 能（のう）

10分

■ 赤シートを使って答えよう！

❶ 能について

□ 能の要素：音楽，舞踊（ぶよう），演劇 で構成される。
3つの要素を表して歌舞劇ともいわれる。
□ 成立時期：室町（むろまち） 時代にほぼ今の形が完成。
□ 重要人物：観阿弥・世阿弥（ぜあみ） の親子により基本的な形が整えられ，
当時の将軍 足利義満（あしかがよしみつ） がこの芸能を保護した。

▼能面（のうめん）

❷ 演者

□ 主人公：シテ …歴史上の重要人物や，この世にいない神，
鬼（おに），亡霊（ぼうれい）などを演じる。面（読み方はオモテ）
をかける。
□ 相手役：ワキ 現実の人間を 面 をかけずに演じる。
□ 語り役：アイ …舞台の進行役として，主に前場（まえば）（前半）と
後場（のちば）（後半）の合間に物語のあらすじなどを説明する。
狂言（きょうげん）（能と同じ舞台で演じられるセリフ劇）の役者
が担当する。

▼狂言『棒縛（ぼうしばり）』の舞台

❸ 音楽

□ せりふの「コトバ」，旋律（せんりつ）の「フシ」から成る能の声楽部分…謡（うたい）
□ 演者の動きに合わせて情景描写などを謡うグループ…地謡（じうたい）
□ 楽器演奏：計4人による 囃子（はやし）。

▲笛（能管（のうかん））　▲小鼓（こつづみ）
▲大鼓（おおつづみ）　▲太鼓（たいこ）

▲4つの楽器をあわせて
四拍子（しびょうし） ともいう。

❹ 能舞台

□ 橋掛り（はしがかり）
…演者が登場したり退場したりする場所。

本舞台 □
…演者たちが演じる場所。

□ 目付柱（めつけばしら）
…シテ役の演者が面をかけていて視界がせまいため，目印として使われる。

◀国立能楽堂

能は，専用の舞台で演じられるんだ。狂言もここで演じられるよ。

テストに出る　カタカナの演者名はよく出題されるよ！　重要人物や舞台の各部の名前もおさえておこう。

Step 2 予想問題　能

15分

❶ 能全般について，次の問いに答えなさい。

☐ **❶** 能が現在のような形に成立した時代を選び，記号で答えなさい。　（　　　）

　　　㋐　江戸時代　　㋑　室町時代　　㋒　鎌倉時代

☐ **❷** 能を大成した親子 2 人の名前を書きなさい。

　　　（　　　　　　　　　）・（　　　　　　　　　）

☐ **❸** 能を保護した当時の将軍の名前を書きなさい。　　　　（　　　　　　　）

☐ **❹** 能の演者が顔にかけるものを漢字 1 文字で答えなさい。また，その読み方を書きなさい。

　　　　　　　　　　　　　　漢字（　　　　）　　読み方（　　　　）

☐ **❺** 能において，主人公を演じる人のことをカタカナ 2 文字で何といいますか。

☐ **❻** 能において，主人公の相手役を演じる人のことをカタカナ 2 文字で何といいますか。

❷ 能の音楽について，次の問いに答えなさい。

☐ **❶** 能における声楽を何と呼ぶか，漢字 1 文字で答えなさい。　（　　　）

☐ **❷** ❶の読み方をひらがなで答えなさい。　　　　　　　　　（　　　）

☐ **❸** ❶をグループで謡う右の写真のような人たちを何と呼ぶか，
　　漢字 2 文字で答えなさい。　　　　（　　　　　　）

☐ **❹** 次の 4 つは能の伴奏楽器です。楽器名を┌┄┐から選び，
　　記号で答えなさい。また，これらをまとめて何と呼ぶか
　　答えなさい。

①　②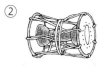　③　④

まとめて（　　　　　　　）と呼ぶ

┌─────────────────────────────┐
│ ㋐　笛(能管)　　㋑　小鼓　　㋒　大鼓　　㋓　太鼓 │
└─────────────────────────────┘

☐ **❸ 能の舞台について，A〜C の名前を┌┄┐から選び，記号で答えなさい。**

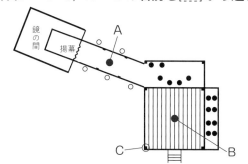

┌─────────┐
│ ㋐　目付柱 │
│ ㋑　本舞台 │
│ ㋒　橋掛り │
│ ㋓　シテ柱 │
│ ㋔　花道 │
└─────────┘

A（　　　）
B（　　　）
C（　　　）

❌ ミスに注意 ❷❹大鼓と太鼓はよく似た漢字だから気をつけよう。「大」と「太」の部分が違うよ。

2・3 下鑑賞曲

総合問題③（３年のまとめ）

30分　／100点　目標 70点

❶ 次の A~C ３つの楽譜（がくふ）を見て，あとの問いに答えなさい。

はるのうらーらーの　すーみーだがわ

なないろのたにをこえて

はるはなのみのかぜのさむさや一

□ ❶ それぞれの曲名を，下の　から選んで答えなさい。

> 浜辺（はまべ）の歌　　　花の街　　　早春賦（そうしゅんふ）　　　赤とんぼ　　　花

□ ❷ それぞれの拍子（ひょうし）を，下の　から選んで答えなさい。同じものを２度選んでもかまいません。

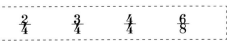

□ ❸ Aの曲の作曲者名を答えなさい。

□ ❹ ①・②の　に入る休符（きゅうふ）をそれぞれ書きなさい。

□ ❺ Bの曲の説明として正しいものを次から１つ選び，記号で答えなさい。

　㋐　戦前の平和な時期につくられ，戦後になってから人々の心をとらえた。

　㋑　戦後の焼け野原の中，平和で美しい街がよみがえることを願ってつくられた。

　㋒　作詞者が海外の美しい街を訪ねた思い出を書いた詩である。

□ ❻ Cの曲の適切な速さを次から選び，記号で答えなさい。

　㋐　♩=76　　　㋑　♪=116　　　㋒　♪=160

□ ❼ Cの楽譜の中で，言葉の意味の区切りを考えると，息つぎをする適切な場所はあ〜うのどこですか。記号で答えなさい。

□ ❽ Cの楽譜の「はるはなのみの」の歌い方として正しいものを選び，記号で答えなさい。

　㋐　少し強く歌い始め，だんだん強くしたあと，だんだん弱くする。

　㋑　弱く歌い始め，だんだん強くしたあと，だんだん弱くする。

　㋒　少し強く歌い始め，だんだん遅くしたあと，もとの速さにする。

成績評価の観点　思…音楽についての思考・判断・表現　思のマークがない問題は，全て音楽についての知識・技能の問題です。

❷「帰れソレントへ」について，次の問いに答えなさい。

①
p
②
rit.
a tempo
mf
うるわしのソ レン ト
おもいでさそ う ー
オレンジのか お り

□ ❶ ①・②に入る正しい調号を次から選び，記号で答えなさい。またそれぞれ何調かを答えなさい。

㋐  ㋑  ㋒  ㋓ 

□ ❷ この曲の曲想の変化について，[　]の言葉をいくつか自由に使って説明しなさい。 [思]

短調　　長調　　主音

❸「ブルタバ（モルダウ）」について，次の問いに答えなさい。

□ ❶ この曲の説明として，次の（　）に合う言葉を[　]から選び，記号で答えなさい。

ブルタバの2つの源流はやがて合流し，狩りの音がする（　①　）を通り抜ける。（　②　）を祝う村人たちや，月光の中で舞(ま)う（　③　）と出会い，（　④　）で渦(うず)を巻き，やがて首都（　⑤　）を雄大に流れる。

㋐ 森　㋑ 水の精　㋒ 急流　㋓ プラハ　㋔ ウィーン　㋕ 結婚式(けっこん)

□ ❷ この曲のように，情景や物語の内容をオーケストラで表した音楽を漢字3文字で何といいますか。

❹ 能(のう)について，次の問いに答えなさい。

□ ❶ 能の音楽に使われる楽器を次から4つ選び，記号で答えなさい。

㋐ 三味線(しゃみせん)　㋑ 太鼓(たいこ)　㋒ 尺八(しゃくはち)　㋓ 笛　㋔ 笙(しょう)　㋕ 小鼓(こつづみ)　㋖ 大鼓(おおつづみ)

□ ❷ 能における声楽のことを何というか。次から選び，記号で答えなさい。

㋐ セリフ　㋑ 長唄(ながうた)　㋒ 謡(うたい)　㋓ 囃子(はやし)

□ ❸ 能の音楽の特徴について，[　]の言葉をいくつか自由に使って説明しなさい。 [思]

拍(はく)　　間(ま)　　声の高さ

❶ 各3点	❶ A	B	C			
	❷ A	B	C	❸		
	❹ ①	②	❺	❻	❼	❽
❷ 各3点 ❷5点	❶ ①記号：　調	②記号：　調				
	❷					
❸ 各4点	❶ ①	②	③	④	⑤	❷
❹ 各3点 ❸5点	❶				❷	
	❸					

❶ ／39点　❷ ／17点　❸ ／24点　❹ ／20点

■ 赤シートを使って答えよう！

❶ 音符と休符

		名前	長さ			名前	長さ
☐	𝅝	全音符		☐	▬	全休符	
☐	𝅗𝅥	2分音符		☐	▭	2分休符	
☐	♩	4分音符		☐	𝄽	4分休符	
☐	♪	8分音符		☐	𝄾	8分休符	
☐	♬	16分音符		☐	𝄿	16分休符	
☐	♫♪	3連符	ある音符を 3 等分した音符				
☐	♩.	付点	付点がつくと，もとの音符の長さの 1.5 倍になる				

❷ 拍子

☐ $\frac{4}{4}$ 読み方：[4] 分の [4] 拍子
　　　…[1] 小節に [4] 分音符が [4] つ入る拍子

☐ $\frac{3}{4}$ 読み方：[4] 分の [3] 拍子
　　　…[1] 小節に [4] 分音符が [3] つ入る拍子

☐ $\frac{6}{8}$ 読み方：[8] 分の [6] 拍子
　　　…[1] 小節に [8] 分音符が [6] つ入る拍子

拍子記号の分母は「基準となる音符の種類」，分子は「1小節に入る拍数」だよ。

❸ 速さ

数字で表す場合

☐ ♩=84 …[1] 分間に [4] 分音符を [84] 打つ速さで
☐ ♪=116 …[1] 分間に [8] 分音符を [116] 打つ速さで

言葉で表す場合

☐ **Adagio** 読み方：[アダージョ] 意味：[緩やかに]

☐ **Andante** 読み方：[アンダンテ] 意味：ゆっくり [歩くような] 速さで
　　　…「荒城の月」「主人は冷たい土の中に」 など

☐ **Moderato** 読み方：[モデラート] 意味：[中ぐらいの] 速さで
　　　…「翼をください」「エーデルワイス」 など

☐ **Allegro** 読み方：[アレグロ] 意味：[速く]
　　　…「春」（ヴィヴァルディ）の冒頭，交響曲第5番 ハ短調（ベートーヴェン）の冒頭 など

❹ 強弱

		読み方	意味			読み方	意味
☐	*pp*	ピアニッシモ	とても弱く	☐	*mf*	メッゾ フォルテ	少し強く
☐	*p*	ピアノ	弱く	☐	*f*	フォルテ	強く
☐	*mp*	メッゾ ピアノ	少し弱く	☐	*ff*	フォルティッシモ	とても強く

❺ 演奏記号

		読み方	意味			読み方	意味
☐	🎵·	スタッカート	その音を [短く切って]	☐	🎵−	テヌート	その音の長さを [じゅうぶんに保って]
☐	🎵>	アクセント	その音を [目立たせて], [強調して]	☐	⌢	フェルマータ	その音符(休符)を [ほどよく延ばして]
☐	🎼 スラー	スラー	高さの違う 2つ以上の音符を [滑らかに]	☐	🎼 タイ	タイ	隣り合った同じ高さの音符をつなぎ, [1つの音に]

❻ 変化

音高
- ☐ ♯ 読み方：[シャープ]（嬰) 意味：[半音上げる]
- ☐ ♭ 読み方：[フラット]（変) 意味：[半音下げる]
- ☐ ♮ 読み方：[ナチュラル] 意味：[もとの高さで]

強弱
- ☐ ＜, *cresc., crescendo* 読み方：[クレシェンド] 意味：[だんだん強く]
- ☐ ＞, *decresc., decrescendo* 読み方：[デクレシェンド] 意味：[だんだん弱く]
- ☐ *dim., diminuendo* 読み方：[ディミヌエンド] 意味：[だんだん弱く]

速さ
- ☐ *rit.(ritardando* の略) 読み方：[リタルダンド] 意味：[だんだん遅く]
- ☐ *accel.(accelerando* の略) 読み方：[アッチェレランド] 意味：[だんだん速く]
- ☐ *a tempo* 読み方：[ア テンポ] 意味：[もとの速さで]

❼ 反復

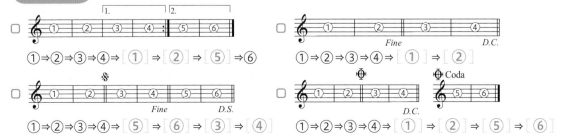

☐ ①⇒②⇒③⇒④⇒[①]⇒[②]⇒[⑤]⇒⑥

☐ ①⇒②⇒③⇒④⇒[①]⇒[②]

☐ ①⇒②⇒③⇒④⇒[⑤]⇒[⑥]⇒[③]⇒[④]

☐ ①⇒②⇒③⇒④⇒[①]⇒[②]⇒[⑤]⇒[⑥]

❶ 次の強弱記号を，強いものから弱いものの順に並べなさい。

㋐ *mf*　㋑ *f*　㋒ *pp*　㋓ *p*　㋔ *ff*　㋕ *mp*

□ 強い（　　→　　→　　→　　→　　→　　）弱い

❷ 次の速度用語を，速いものから遅(おそ)いものの順に並べなさい。

㋐ Moderato　㋑ Andante　㋒ Allegro　㋓ Adagio

□ 速い（　　→　　→　　→　　）遅い

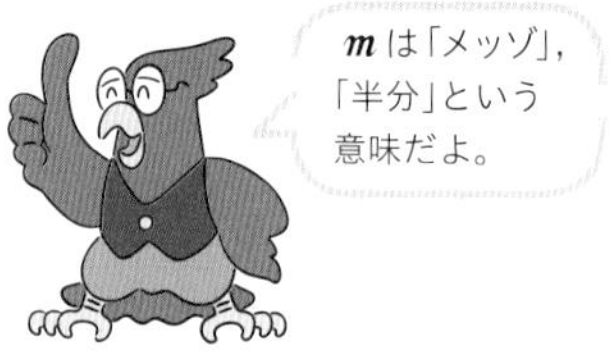
*m*は「メッゾ」，
「半分」という
意味だよ。

❸ 次の演奏記号を正しく線でつなぎなさい。

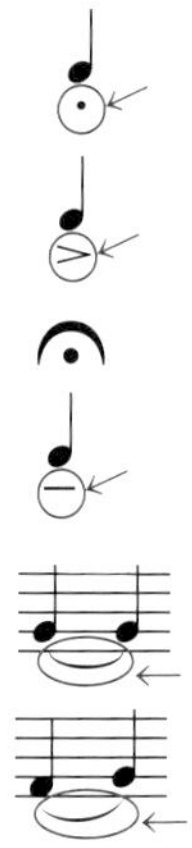

□ ❶	● アクセント ●	● 高さの違(ちが)う２つ以上の音符(おんぷ)を滑(なめ)らかに
□ ❷	● スラー ●	● その音を短く切って
□ ❸	● スタッカート ●	● その音を目立たせて，強調して
□ ❹	● タイ ●	● その音の長さをじゅうぶんに保って
□ ❺	● フェルマータ ●	● 隣(となり)り合った同じ高さの音符をつなぎ，１つの音に
□ ❻	● テヌート ●	● その音符（休符(きゅうふ)）をほどよく延ばして

❹ 次の楽譜(がくふ)の□に入る音符を下の□から選び，それぞれ記号で答えなさい。

□ ❶　□ ❷　□ ❸　□ ❹　□ ❺　□ ❻

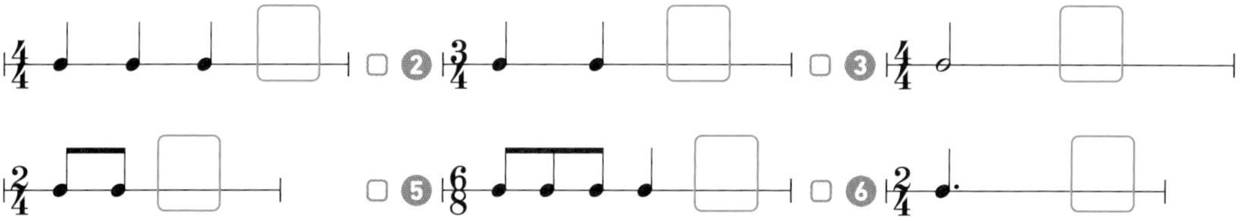

㋐ ♩　㋑ ♪　㋒ 𝅗𝅥　（同じ記号を何回使ってもかまいません）

❺ 次の楽譜を演奏すると全部で何小節になりますか。

□ ❶

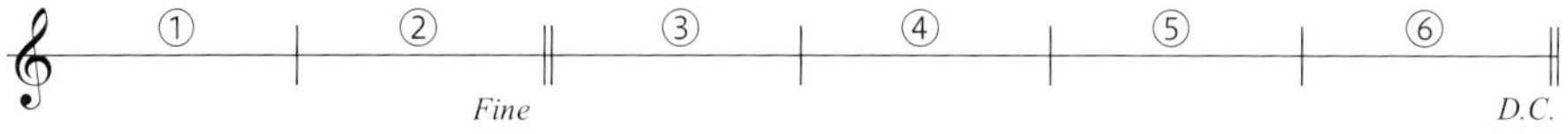
①
②
③
④
⑤
⑥
Fine
D.C.

（　　　）小節

□ ❷

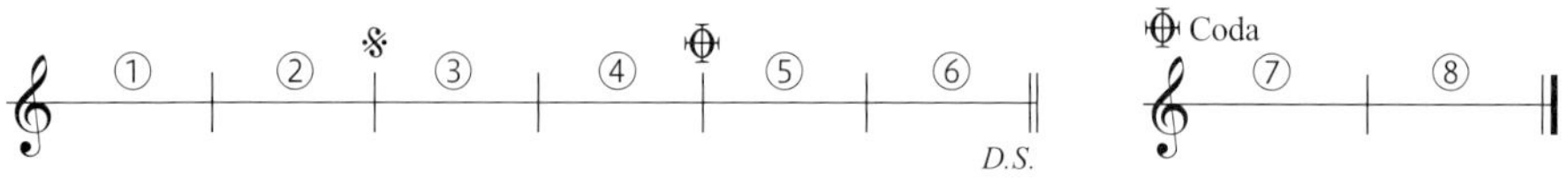
①
②
③
④
⑤
⑥
D.S.
Coda
⑦
⑧

（　　　）小節

[ヒント] ❹❻ ♩.はもとの長さの 1.5 倍になるから，♩＋♪ということだね。

テスト前 ☑ やることチェック表

① まずはテストの目標をたてよう。頑張ったら達成できそうなちょっと上のレベルを目指そう。
② 次にやることを書こう（「ズバリ英語〇ページ，数学〇ページ」など）。
③ やり終えたら□に✔を入れよう。
　最初に完べきな計画をたてる必要はなく，まずは数日分の計画をつくって，
　その後追加・修正していっても良いね。

目標

	日付	やること1	やること2
2週間前	／	□	□
	／	□	□
	／	□	□
	／	□	□
	／	□	□
	／	□	□
	／	□	□
1週間前	／	□	□
	／	□	□
	／	□	□
	／	□	□
	／	□	□
	／	□	□
テスト期間	／	□	□
	／	□	□
	／	□	□
	／	□	□
	／	□	□

テスト前 ☑ やること チェック表

① まずはテストの目標をたてよう。頑張ったら達成できそうなちょっと上のレベルを目指そう。
② 次にやることを書こう（「ズバリ英語〇ページ，数学〇ページ」など）。
③ やり終えたら□に✔を入れよう。
　 最初に完ぺきな計画をたてる必要はなく，まずは数日分の計画をつくって，
　 その後追加・修正していっても良いね。

目標

	日付	やること1	やること2
2週間前	／	☐	☐
	／	☐	☐
	／	☐	☐
	／	☐	☐
	／	☐	☐
	／	☐	☐
	／	☐	☐
1週間前	／	☐	☐
	／	☐	☐
	／	☐	☐
	／	☐	☐
	／	☐	☐
	／	☐	☐
	／	☐	☐
テスト期間	／	☐	☐
	／	☐	☐
	／	☐	☐
	／	☐	☐
	／	☐	☐

全教科書版 音楽 ｜ 中間・期末テストズバリよくでる ｜ 解答集

We'll Find The Way ～はるかな道へ
ウィール ファインド ザ ウェイ

p. 3 **Step ②**

❶ ① ⑦　② ハ長調　③ 4（拍目）
はく

　④ コードネーム

　⑤ ① ⑦　② 工　③ オ　④ ④

❷ ① ⑦　② 読み方…フォルテ　　意味…強く

　③ ① ⑦　② ④

───────────────

考え方

❶ ③ 冒頭に 4 分の 4 拍子の拍子記号が付いて
ぼうとう　　　　　　　　　　ひょうし
　　いる。1 小節目は 2 分休符＋ 4 分休符で 3
　　　　　　　　　　きゅうふ
　　拍分休み，4 拍目から始まっている。

❷ ③ ①　♪ は「4 分休符」で，♩ と同じ長さの
　　　　休符。

　　　②　▬ は「2 分休符」で ♩ と同じ長さの
　　　　休符。

主人は冷たい土の中に（静かに眠れ）
あるじ　　　　　　　　　　　　ねむ

p. 5 **Step ②**

❶ ①　[楽譜記号]　② ハ長調

　③ ① 読み方…アンダンテ　　意味… ④

　　② 読み方…メッゾ ピアノ　　意味… ⑦

　④ ソミミドレ　⑤ 続く感じ

❷ ① ④　② ⑦

　③

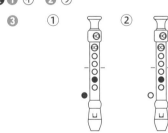

───────────────

考え方

❶ ① 4 分音符を 1 拍として，1 小節に 4 拍分
　　おんぷ　　　　　　はく　　　　　　　　はく
　　入る拍子。
　　ひょうし

───────────────

$$\frac{4}{4}$$

1拍に数える音符の種類 → 4
1拍になる音符が 1 小節内に何拍分入るか → 4

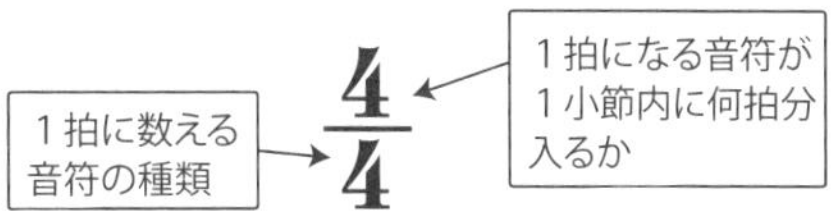

　⑤ ハ長調の曲では，旋律がドで終わると「終
せんりつ
　　わる感じ」，ド以外の音で終わると「続く
　　感じ」になる。

❷ ①「に」の音についている記号は ⌢（フェル
　　マータ）。

　② 子守歌のような歌詞だが，亡くなった主
こもり　　　　　　　　　いの
　　人が静かに眠ることを祈る歌である。

浜辺の歌
はまべ

p. 7 **Step ②**

❶ ① 林 古溪　② 成田為三
はやし こけい　　なりた ためぞう

　③ [楽譜記号]　④ ヘ長調

　⑤ A … 3　B … 4

　⑥ 読み方…スラー
　　意味…高さの違う 2 つ以上の音符を滑らかに
　　　　　　　ちが　　　　　　　　　　なめ

❷ ① ① ⑦　② ⑦

　② A … 雲のさまよ　B … かえす波よ

❸ ① ⑦　② だんだん遅くする。
　　　　　　　　　おそ

───────────────

考え方

❶ ③ 1 小節に 8 分音符が 6 つ分入る，8 分の
　　おんぷ
　　6 拍子。分母の 8 が音符の種類を表し，分
　びょうし
　　子の 6 が，その音符が 1 小節にいくつ分
　　入るかを表す。

　⑤ A ♩ は 8 分音符 2 つ分。♫ は，♪ が
　　2 つつながったもの。♪ は ♪ の半分
　　の長さだから，A の長さは ♪ の数で数
　　えると 2 ＋ 1 ＝ 3 となる。

　　B ♩. の付点は，4 分音符の半分の長さ，
　　つまり 8 分音符と同じ長さ。

したがって ♩. は8分音符3つ分となる。それにタイで結ばれた♪を足すと，8分音符4つ分となる。

➏ タイとスラーを混同しないように気を付けよう。ここでは高さの違う2つの音符をつないでいるのでスラー。

❷ ➊ ①「あした」は現代語では「翌日」だが，古語では「朝」を意味する。
②「もとおる」は「めぐる」という意味。

❸ ➋ *rit.* は *ritardando*（リタルダンド）の省略形。意味は「だんだん遅く」。

赤とんぼ

p. 9 **Step ❷**

❶ ➊ **三木露風**（みきろふう） ➋ **山田耕筰**（やまだこうさく） ➌ ㋒
➍ 調…**変ホ長調** ドになる音…㋐
➎ ㋒ ➏ ① ㋑ ② ㋐
➐ **だんだん強く，メッゾ フォルテ，だんだん弱く**

❷ ➊ ① **背負われて**
② **子守**（こもり）**に来ていた娘**（むすめ）
③ **ふるさとからの手紙**
➋ ㋑

考え方

❶ ➌ 各1小節に♩が3つ分入っている。
➍ 長調の音階で「ド」になる音は，その音階の始まりの音（主音）。♭が2つ以上付く長調の場合，主音は調号の右から2番目の音。この曲では，それが「変ホ」音なので，変ホ長調となる。

❷ ➊「おわれて」は，「追われて」ではなく「背負われて」であることに注意。また，「姐（ねえ）や」は，「自分の姉」のことではなく，「子守に来ていた娘」のことである。
➋ 1番から3番までは，作詞者の幼い頃（ころ）の思い出を，4番で目の前の赤とんぼを歌っている。

Let's Search For Tomorrow（レッツ サーチ フォー トゥモロー）

p. 11 **Step ❷**

❶ ➊ $\frac{4}{4}$ ➋ ㋑ ➌ ㋐
➍ ㋐ A ㋑ B ㋒ B

❷ ➊ **上がって** ➋ **レ，ミ，ファ** ➌ ㋐

❸ ㋕ → ㋓ → ㋐ → ㋑ → ㋒ → ㋔

考え方

❶ ➊ 1小節の中に4分音符（おんぷ）が4つ分ある4分の4拍子（びょうし）。音符の少ないAの2小節目やBの2小節目に注目してみよう。音符の数がカウントしやすい小節で確かめるのもコツ。

❷ ➊ ➋ 1小節ごとに最初の音がレミファと上がっている。
➌ 音の上行下行と強弱記号は一致していることが多い。ここでは音が上行しているので「だんだん強く」なる。

❸ ***p*** は「弱く」，***f*** は「強く」。***m*** は「メッゾ」で「少し（〜）」という意味。***mp***（メッゾ ピアノ）は「少し弱く」となる。強さの大小は ***p*** < ***mp*** の関係。***mf***（メッゾ フォルテ）は「少し強く」となる。強さの大小は ***mf*** < ***f*** の関係。***pp***（ピアニッシモ）と ***ff***（フォルティッシモ）は，もとの弱さ・強さを強調する。

春 -第1楽章-

p. 13 **Step ❷**

❶ ➊ **ヴィヴァルディ** ➋ ㋒ ➌ ㋐ ➍ ㋑

❷ ➊ **ヴァイオリン** ➋ ㋒
➌ **リトルネッロ（形式）**

❸ ➊ **ソネット** ➋ A…㋑ B…㋒
➌ 読み方…**アレグロ** 意味…**速く**

考え方

❶ 作曲者のヴィヴァルディはイタリアのベネツィアに生まれ，同時代のバッハやヘ

ンデルに大きな影響(えいきょう)を与えた。この3人はバロックを代表する作曲家たちである。

❷ ⓶ チェンバロ奏者の役割は「通奏低音」を奏でることである。独奏者（この曲ではヴァイオリン奏者）が休んでいるときも休みなく演奏するので，「通奏」という名前が付いた。バロック時代によく使われた演奏法である。

⓷ 合奏と独奏が交互(こうご)に現れる形式を「リトルネッロ形式」と呼ぶ。リトルネッロは，イタリア語の「リトルノ」（戻(もど)る）という言葉からできた。

魔王(まおう)

p. 15 Step ❷

❶ ⓵ **ゲーテ**

⓶ 作曲者…**シューベルト**

生まれた国…**オーストリア**

⓷ ㋑　⓸ 伴奏…**B**　歌の形態…㋒

⓹ **リート**　⓺ **父，子，魔王（順不同）**

❷ ⓵ **子，父，馬**　⓶ **3連符**　⓷ ㋐　⓸ ㋑

⓹ ① **語り手**　② **父**　③ **魔王**

考え方

❶ ⓵ ドイツの偉大(いだい)な詩人ゲーテの作品は，作曲家たちに愛され，数多くの歌曲がつくられた。

⓸ 魔王は，ピアノ伴奏(ばんそう)で演奏される独唱曲である。

⓹ ドイツ語による歌曲のことを「リート」と呼ぶ。「リート」は英語の「ソング」にあたる言葉である。

⓺ 独唱曲だが，登場人物が父，子，魔王の3人，語り手を含めると計4人。これを一人で歌い分けているのがこの曲のききどころ。

❷ 前奏部分の出だしは3連符の連続，しかも♩=152 というすさまじい速さで物語の不気味さを表し，聴(き)く人の想像力をかきたてる。

雅楽(ががく)「平調(ひょうぢょう) 越天楽(えてんらく)」ー管絃(かんげん)ー

p. 17 Step ❷

❶ ⓵ **アジア各地**　⓶ **儀式(ぎしき)の音楽**

⓷ **平安時代**　⓸ **管絃**　⓹ ㋒

❷ ⓵ **（順不同）**

吹物(ふきもの)…① ㋐　② ㋓　③ ㋖

打物(うちもの)…④ ㋑　⑤ ㋒　⑥ ㋔

弾物(ひきもの)…⑦ ㋕　⑧ ㋗

⓶ ① ㋖　② ㋑

❸ ⓵ **しょうが**　⓶ ㋐ ×　㋑ ○　㋒ ○

考え方

❷ ⓶ ① 笛の仲間の楽器で，吹いても吸っても音が出るのは雅楽で使われるこの楽器（笙(しょう)）くらいのものである。

② 「平調 越天楽」を聴(き)いてみると，左右の手に持ったバチで両横から鼓面をたたく「鞨鼓(かっこ)」の音がひときわ鋭(するど)く聞こえてくるのがわかる。指揮者のいない雅楽では，鞨鼓の担当者が音楽全体をリードしている。日本音楽に共通している速度の変化を表す「序破急(じょはきゅう)」（最初はゆるやかに始まりしだいに速くなる）という語は，もともとこの雅楽から始まったものである。

箏曲(そうきょく)「六段(ろくだん)の調(しらべ)」

p. 19 Step ❷

❶ ⓵ ○　⓶ ×　⓷ ○

❷ ⓵ **中国**　⓶ 名前…**柱**　読み方…**じ**

⓷ **平調子(ひらぢょうし)**　⓸ ① ㋑　② ㋐

❸ ⓵ ㋑　⓶ ㋒　⓷ **序破急(じょはきゅう)**

考え方

❶ 作曲者といわれている八橋検校(やつはしけんぎょう)は，福島県（現在のいわき市）で生まれ，江戸(えど)時代初期に箏(こと)の演奏家として江戸で活躍した。目が不自由であったが新しい箏曲を大成，芸術家として成功した。「検校」というのは，目の不自由な

人々で構成された組織の最高位である。八橋検校は，現代にも伝わる箏の基本的な調弦法「平調子」を確立した。

❷ ② 箏の音の高さは，胴と糸（弦）の間に挟んだ「柱」の位置を左右に動かして調整する。「柱」と書いて，「じ」と読むことに注意。

④ 右手の親指，人さし指，中指にはめた箏爪で弦を弾いたあと，左手で，弦を柱の方へ引き寄せ音の高さを下げる方法を「引き色」という。また，弦を押して高さを上げる方法を「後押し」という。

❸ ① 「六段」の「段」は西洋音楽の「楽章」の小さなものにあたる。

②③ 初段はゆるやかに始まり，段が進むにつれてしだいに速くなり，最後は再びゆるやかに終わる。このような，日本音楽の速度の変化を「序破急」という。

総合問題①（1年のまとめ）

p. 20-21 Step ❸

❶ ① A…**赤とんぼ**　B…**浜辺の歌**

② A…$\frac{3}{4}$　B…$\frac{6}{8}$

③ A…**山田耕筰**　B…**成田為三**

④ ①㋐　②㋑　⑤㋒　⑥㋑

❷ ① ①㋑　②㋒　③㋔　④㋗

② **(例)魔王の声におびえる子をなだめながら，森の中を走る父の様子を描いている。最後に子は死んでしまう。**

❸ ① ㋐×　㋑○　㋒○　② A…㋑　B…㋐

③ ①㋑　②㋖　③㋓　④㋕

❹ ① **八橋検校**　② **序破急**

[考え方]

❶ ① 楽譜と曲名を対応させるときは，曲を順に頭の中で歌いながら，音符の高低をたどってみる方法も有効である。

② Aは1小節に4分音符が3つ分，Bは1小節に8分音符が6つ分入っている拍子である。

④ 楽譜の中にある音符の上行下行に注目しよう。旋律の上行とともに 𝆒，下行とともに 𝆓 となっている。

① $\boldsymbol{p}$から始まる旋律が$\boldsymbol{mf}$に向かって上行している。

② $\boldsymbol{mf}$がついている音から次第に下行している。

⑥ 𝄽 は ♩ と同じ長さ。

❷ ② 父と子，そして魔王の間でどのようなやりとりがあったか説明できるようにしておこう。

❸ ① ヴィヴァルディは，バッハ，ヘンデルと同時代の，イタリアの作曲家。この3人がヨーロッパのバロック音楽を代表する人々である。

③ ヴィヴァルディは「協奏曲の父」と呼ばれている。協奏曲とは，独奏楽器と合奏のかけあいで多彩な音楽が進行するもの。

❹ ② 最初はゆるやかに始まりしだいに速くなり，最後は再びゆるやかに終わる。このような，日本音楽の速度の変化を「序破急」という。しっかり漢字で書けるようにしておこう。

夢の世界を

p. 23 Step ❷

❶ ① $\frac{6}{8}$　② **2（拍子）**

③ **ハ長調**　④ **かたりあい**

⑤ ① **3（つ分）**　② **2（つ分）**

⑥ 読み方…**タイ**　意味…**同じ高さ，1つの音**

❷ ① A…㋐　B…㋒　C…㋑

② **混声三部合唱**

③ ① 読み方…**ナチュラル**
意味…**もとの高さで**

② 読み方…**テヌート**
意味…**その音の長さをじゅうぶんに保って**

④ ㋐

考え方

❶ ② ゆったりとした8分の6拍子の曲を歌うときは，いつも大きな2拍子ととらえる習慣をつけよう。

⑤ ♩. は，♩ と ♪ を足した音符(おんぷ)。

⑥ 同じ高さの音符同士をつないでいるのでタイ。2つ目の音は歌わないでそのまま延ばす。

❷ ④ *rit.* と *a tempo* という速さの変化を表す記号に注目しよう。

翼(つばさ)をください

p. 25 Step ❷

❶ ①  ② **変ロ長調**

③ 読み方…**モデラート**

意味…**中ぐらいの速さで**

④ ⓶ 名前…**3連符**　同じ長さの休符(きゅうふ)…㋐

③ 名前…**8分音符(おんぷ)**　同じ長さの休符…㋑

⑤ ㋑

❷ ① A…**女声**　B…**男声**　② B　③ ㋑

❸ **8（小節）**

考え方

❶ ② ♭が2つ以上付く長調の場合，調号の右から2番目の音が主音。この曲では，それが「変ロ」音なので，変ロ長調となる。

③ モデラートは，速くも遅(おそ)くもない「中ぐらいの速さで」という意味。

④ ある音符を3等分した音符を「3連符」と呼ぶ。3等分であることを示すために，上や下に小さな「3」の数字を付ける。この場合は4分音符を3等分したものなので，同じ長さの休符は4分休符となる。

⑤ ここでは隣(とな)り合った同じ高さの音符をつないでいるのでタイ。つながれた2つの音符を1つの音にする記号。2つ目の音は歌わない。

❷ ① 男声パートはヘ音譜表(ふひょう)で書かれている。

③ この合唱曲は，女声2パート＋男声1パートの混声三部合唱。

❸ *D.C.* は「ダ カーポ」と読み，意味は「(曲の)始めから」である。𝄌は，そこから後ろの𝄌までとばす（途中を省略する）記号である。

夏の思い出

p. 27 Step ❷

❶ ① **江間章子(えましょうこ)**　② **中田喜直(なかだよしなお)**　③ **ニ（長調）**

④ **4分の4拍子(びょうし)**　⑤ ㋒

❷ ① ① 読み方…**ピアニッシモ**

意味…**とても弱く**

② 読み方…**ディミヌエンド**

意味…**だんだん弱く**

③ 読み方…**テヌート**

意味…**その音の長さをじゅうぶんに保って**

② **3連符**　③ ㋐　④ ㋒　⑤ **みずのほとり**　⑥ ㋑

考え方

❶ ① 作詞者の江間章子は，「花の街」の作詞者でもある。

② 中田喜直は，「早春賦(そうしゅんふ)」の作曲者中田章(なかだあきら)の息子。「めだかのがっこう」「ちいさい秋みつけた」などの代表作がある。

③ ♯が2つ以上付く長調の主音は，いちばん右の♯の1つ上の音である。ここではニ音になるのでニ長調。

❷ ① ② *dim.* は *diminuendo* の略。「ディミヌエンド」と読み，意味は「だんだん弱く」，つまり *decrescendo* や （デクレシェンド）と意味は同じである。

④ 歌詞がどの音符(おんぷ)にあてられているかをよく見よう。

荒城の月

`p.29` `Step 2`

❶ ❶㋑　❷滝 廉太郎　❸ 𝄞𝄵 ❹ ㋒

❺めぐるさかずき　❻ ㋒

❷ ❶㋒　❷㋑　❸㋒　❹㋒

考え方

❶ ❷滝 廉太郎は，明治時代初期，1879 年に生まれた。この曲の他に，「花」「箱根八里」など優れた作品を残した。病気のため 1903年，23 歳の若さで亡くなった。

❻山田耕筰が補作編曲した，もう一つの「荒城の月」は，リズムや音が原曲とは異なっている。それぞれの雰囲気の違いを確かめておこう。

❷ ❸「千代」は，もともと「千年」という意味。「長い間，ずっと昔から」ととらえる。

❹頭の中で歌詞を読みながら指で数えてみよう。7 つと 5 つでひとまとまりの七五調になっているのがわかる。

フーガ ト短調

`p.31` `Step 2`

❶ ❶作曲者…バッハ　生まれた国…ドイツ

❷㋐　❸㋒

❷ ❶パイプオルガン　❷パイプ

❸①㋒　②㋐　③㋑　④㋑　❺1，1

❸ ❶フーガ　❷応答　❸4（声部）

考え方

❶ドイツのアイゼナハに生まれたバッハは，ヴィヴァルディやヘンデルとともに，バロックを代表する作曲家。宮廷や教会のオルガン奏者としても活躍した。

❷パイプオルガンは，金属製のたくさんのパイプに空気を送り込んで音を出す楽器。ピアノのような鍵盤（手鍵盤）のほかに，足で踏む鍵盤（足鍵盤）も付いている。また，音色の変化を付けるために，手鍵盤の横に並んでいる「ストップ」を手で操作する。1 本のパイプは 1 つの音しか出せないため，たくさんのパイプがある。

❸ ❶「フーガ」はイタリア語で「逃げる」という意味。始めに示された主題を，ほかの声部が次々に追いかけ，繰り返すことで音楽がふくらんでいく。

❷最初の主題を追いかけて，別の声部によって同じ旋律が異なる調で演奏される部分を「応答」と呼ぶ。

交響曲第 5 番　ハ短調

`p.33` `Step 2`

❶ ❶作曲者…ベートーヴェン

生まれた国…ドイツ

❷㋒　❸㋑　❹㋒

❷ ❶4（楽章）　❷1，4

❸①展開部　②再現部　A…㋑　B…㋐

❸ ❶A　❷㋐

考え方

❶ ❸第 1 楽章冒頭の「ダ・ダ・ダ・ダーン」で始まる第 1 主題は，曲中で最も有名な部分である。「このように運命は扉をたたく」と作曲者自身が言ったとされることから，「運命」とも呼ばれるようになった。

❷ ❶交響曲は全 4 楽章で構成されることが最も多い。この作品も 4 楽章からなる。

❷ソナタ形式は，提示部→展開部→再現部→コーダ（終結部）の 4 つのまとまりを持つ形式。交響曲では，最初と最後の楽章にこの形式が使われることが多い。この曲では第 4 楽章もソナタ形式。

6

オペラ「アイーダ」から

p. 35 Step 2

❶ ① 作曲者…**ヴェルディ**
生まれた国…**イタリア**
② ㋑ ③ **オペラ** ④ **オーケストラ(管弦楽(かんげんがく))**

❷ ① **2，2** ② **エジプト**
③ **トランペット(アイーダトランペット)**

❸ ① 高い・男声…**テノール**
高い・女声…**ソプラノ**
低い・男声…**バス**
低い・女声…**アルト**
② ① 名前…**アイーダ** 声のパート…**ソプラノ**
② 名前…**ラダメス** 声のパート…**テノール**

考え方

❶ ① ヴェルディはイタリア北部の小さな村で生まれた。音楽教育をじゅうぶんには受けられなかったが，自らの努力によって数々のオペラを作曲し，イタリアオペラの代表的な作曲家として活躍(かつやく)した。
② 「アイーダ」はエジプトのカイロで上演するために作曲された作品といわれる。古代エジプトとエチオピアの戦争状態を背景に，エジプト軍の将軍ラダメスと，エジプトに捕らわれたエチオピアの王女アイーダとの悲恋の物語。

❷ エチオピアとの戦争に勝ったエジプト軍が国に帰ってくるときに，トランペットが高らかに鳴り響(ひび)き，勝利を喜ぶ。

❸ ① 男声女声のそれぞれの声の高さの名前をしっかり覚えよう。オペラでは，声の高さによって歌う役が決まってくる。
② 主人公のアイーダはソプラノ，相手役のラダメスはテノールによって歌われる。

歌舞伎(かぶき)「勧進帳(かんじんちょう)」

p. 37 Step 2

❶ ① ①㋙ ②㋗ ③㋑ ④㋒ ⑤㋘ ⑥㋕
⑦㋓ ⑧㋖

❷ ㋓→㋐→㋒→㋔→㋑

❸ ① A㋒ B㋓ C㋔ D㋑
② ㋐A ㋑B ㋒C ㋓D

考え方

❶ ① 歌舞伎のはじまりは，江戸(えど)時代初めに，出雲(いずも)のお国(くに)という名前の女性芸能者が京都で興行をした「かぶき踊(おどり)」だといわれている。それが，江戸時代に男性によって演じられる総合芸術として発展し，歌(音楽) 舞(舞踊(ぶよう)) 伎(演技)の3要素が融合(ゆうごう)された。役者がポーズを決める「見得(みえ)」や，特別に大きく手を振り，足を力強く踏みしめながら歩く「六方(ろっぽう)」という所作など，見どころがたくさんある。

❸ 歌舞伎の舞台にはさまざまな仕掛(しか)けがある。セットなどを乗せたまま回転させて場面転換をする「廻(まわ)り舞台」が真ん中にある。また，役者を乗せて上下させる四角い穴を「せり」や「すっぽん」と呼ぶ。舞台と同じ高さで舞台から客席を貫(つらぬ)く通路を「花道(はなみち)」と呼ぶ。

文楽(ぶんらく)(人形浄瑠璃(にんぎょうじょうるり))

p. 39 Step 2

❶ ① **江戸(えど)時代** ② **大阪府** ③ **人形浄瑠璃**

❷ ① ㋒ ② **太夫(たゆう)** ③ ㋐○ ㋑× ㋒○

❸ ① **3人** ② ㋒ ③ ㋐

❹ ① 名称…**床** 記号…**F**
② 名称…**船底(ふなぞこ)** 記号…**D**

考え方

❶ 江戸時代に，今の大阪府で始まった人形芝居(しばい)「文楽」は「人形浄瑠璃」とも呼ばれる。

❷ 伴奏(ばんそう)音楽は，棹(さお)の太い三味線(しゃみせん)(太棹(ふとざお))にのせて，太夫と呼ばれる語り手が歌う義太夫(ぎだゆう)節である。太夫は，登場人物すべてを一人だけで表現する。

❸ 文楽の人形は，主要な役は 3 人であやつる。一人だけ顔を出している人形遣いを「主遣い」と呼び，人形のかしら（頭部）と右手を担当する。人形の他の部分は，黒い布で顔を隠した人形遣いが担当する。

❹ 太夫と三味線が演奏する場所は「床」と呼ばれる。音の迫力を増すために，客席に近い場所にあるのが特徴である。人形遣いが演じる場所は，人形が客席から見やすいように数十センチほど低くなっている。この場所を「船底」という。

総合問題②（2 年のまとめ）

p. 40-41 **Step ❸**

❶ ①㋐ ②♪ ③𝄴 ④㋑
❷ ①滝 廉太郎 ②㋒ ③㋐× ㋑○ ㋒○
❸ ①バッハ
　②①㋐ ②㋒ ③㋔ ④㋕
　③ A…主題　B…応答
❹ ①①㋑ ②㋐ ③㋓ ④㋕
　②ソナタ形式　③㋑
❺ ①作曲者…ヴェルディ
　　生まれた国…イタリア
　②① ラダメス　② アイーダ
❻ ①江戸時代　②㋑
　③（例）兄に追われて奥州に逃げる義経が，安宅の関で富樫に疑われたところを，家来の弁慶がにせの勧進帳を読み上げたり，主人の義経を杖でうったりして疑いをはらし危機を脱する話。

考え方

❶ ① 作詞者の江間章子は，「花の街」の作詞者でもある。

❷ ② アンダンテは「ゆっくり歩くような速さで」という意味。実際にゆっくり歩きながら歌って感覚をつかんでみよう。

❸ ③ フーガでは，最初に「主題」が奏される。そのあと，別の声部が主題を追いかけて異なる調で同じ旋律を奏でることを「応答」と呼ぶ。

❹ ① ベートーヴェンはドイツのボンに生まれ，21 歳のときに，当時の音楽の中心都市ウィーンに出て，ピアノ奏者として活躍しながら作曲の勉強をした。

❺ ② 「アイーダ」は，主人公のエチオピア王女の名前がタイトルになっている。

❻ ③ 兄の頼朝と不仲になった源 義経は，京都から平泉の藤原氏を頼って落ちのびることになった。武蔵坊弁慶を含む 5 人の家来が，一緒に旅に出る。
「勧進帳」の勧進とは，「お寺などの建築・修理のために寄付を呼び掛けること」。一行 6 人は「東大寺勧進」と偽り変装をして旅をしていた。

合唱のまとめ

p. 43 **Step ❷**

❶ ①㋑ ②腹式呼吸 ③変声期
　④㋐× ㋑○ ㋒×
❷ ①①混声三部合唱
　　②混声四部合唱
　②㋐× ㋑× ㋒○
❸ ①女声パート…㋐　男声パート…㋑
　②㋒

考え方

❶ ①② 歌うときの呼吸として適しているのは「腹式呼吸」である。背中や腰回り，おなかの筋肉をしっかりと使い，すばやく息を吸ってゆっくりと吐く。そうすることによって，むらなく息を吐くことができ，歌声が安定する。

　③④ 小学校高学年くらいから中学生くらいの時期，声が低くなる変声期が訪れる。この時期は無理な発声をしたり，大声を出したりすることをひかえ，歌いやすい音域を歌うことが必要である。

❷ ① 混声合唱の形態と，パートについてよく覚えておこう。

② 声の高さによってパートは決まってくるが，その役割はさまざまである。いちばん高い声のソプラノが必ず主旋律(せんりつ)を歌うというわけではなく，ハーモニーをつくる旋律やオブリガートを歌うこともある。もちろん，アルトや男声が主旋律を歌うこともある。それぞれのパートの役割を理解することが，合唱をよりよく仕上げるために大切なことである。

花

p. 45 Step ❷

❶ ① **武島羽衣(たけしまはごろも)** ② **滝 廉太郎(たきれんたろう)** ③ ㋒
④ (1) ㋒ (2) ㋑ ⑤ ㋑

❷ (1) ㋒ (2) ㋐

❸ ① A…**のぼりくだりの** B…**花と散る**
② (1) ㋔ (2) ㋒

考え方

❶ ④ 1小節に入る拍(はく)数を考え，どの休符(きゅうふ)があてはまるか考えてみよう。
⑤ 最初にある *mf* の記号に注目しよう。

❷ 歌詞を見て，歌を頭の中で思い出してみよう。

花の街

p. 47 Step ❷

❶ ① **江間章子(えましょうこ)** ② **團 伊玖磨(だんいくま)** ③ $\frac{2}{4}$
④ 記号… ㋑ 意味…**少し弱く**
⑤ ㋑

❷ ① 読み方…**クレシェンド**
意味…**だんだん強く**
② ㋑ ③ ㋓ ④ ㋐ ⑤ ㋑

考え方

❶ ⑤ 4分の2拍子(びょうし)なので，1小節に4分音符(おんぷ)が2つ分入るようにする。8分音符を補えばよいが，ここには休符が入るので，8分音符と同じ長さの8分休符を選ぶ。

❷ ① 「だんだん強く」を表す記号は ＜ だが，この楽譜(がくふ)のように4小節(あるいはそれ以上)を使って「少しずつ強く」を示したいとき，作曲者はしばしば，記号の名前 *crescendo* を点線でつなぐ書き方 *cre……scen……do* で示す。

⑤ 「花の街」は，詩人江間章子が，戦後すぐの，瓦礫(がれき)と焦土(しょうど)の中であこがれた幻想の街であった。團 伊玖磨の美しい旋律にのせて，NHKのラジオ放送から全国に流れたこの曲は，多くの日本人に「日本中にきれいな花の咲く街を作ろう」という希望を届ける歌になった。

早春賦(そうしゅんふ)

p. 49 Step ❷

❶ ① **吉丸一昌(よしまるかずまさ)** ② **中田 章(なかだあきら)** ③ $\frac{6}{8}$
④ 読み方…**メッゾ フォルテ**
意味…**少し強く**
⑤ (3) ＜ (4) ＞ (5) ＞
⑥ **春になったと言っても名ばかりで，吹く風はまだ寒い。**
⑦ **1，2**

❷ ① ㋒
② (1) **まだその時ではないと**
(2) **芽が出始める**
(3) **知らないでいたものを**
③ ㋑，㋒

考え方

❶ ② 作曲者は，「夏の思い出」の作曲者である中田喜直(なかだよしなお)の父。
⑥ 「はるはなのみ」の「なのみ」は「名のみ」。「名前だけは春だけれど，寒い風が吹く」と考えるとよい。
⑦ ♪♪♪ (8分音符(おんぷ)3拍(ぱく)分)を1つのまとまりととらえて，2拍子(びょうし)に感じて歌う。

❷ ② (1) うぐいすは，「鳴き声を出したいけれど，まだ出す時ではない」と感じているらしい。

② 葦の新芽が出た様子を「角が出る」ことにたとえた表現。

③「春になったよ，と聞いていなければ，知らないままだったのに」という意味をとらえよう。

帰れソレントへ(Torna a Surriento)

p. 51 Step 2

❶ ① ① ㋒ ② ㋑
② ① **ハ短(調)** ② **ハ長(調)**
③ **同主調** ④ **転調**
⑤ 記号…㋑ 意味…**もとの速さで**

❷ ① 記号…㋓
意味…**その音を目立たせて，強調して**
② 読み方…**フェルマータ** 意味…㋑

❸ ㋐ ○ ㋑ × ㋒ ○ ㋓ ×

考え方

❶ ①～④ この曲は♭の調号が３つ付いたハ短調で始まる。始まりから７小節目まではハ短調で進行し，８小節目からハ長調に変わる。調が変わることを「転調」という。短調でも長調でも主音は「ハ」の音である。これを「同主調」(主音が同じ音名の調)と呼ぶ。この曲の後半部は，長調と短調が交差する，複雑な展開になっているが，音楽の流れはとてもなめらかである。

❷ ① アクセント(>)は演奏の仕方に関する記号の一つ。この記号が付いた音は，「その音を目立たせて，強調して」歌う。最後に盛り上がるところを決然として歌うとよい。

❸ ㋓この曲にはテヌートやスタッカートは使われていない。

ブルタバ(モルダウ)

p. 53 Step 2

❶ ① 作曲者…**スメタナ** 生まれた国…**チェコ**
② ㋑ ③ ㋑ ④ ㋒ ⑤ ㋑ ⑥ **交響詩**

❷ ① 第１の源流…**フルート**
第２の源流…**クラリネット**
② ① ㋒ ② ㋓ ③ ㋑

考え方

❶ ① ⑥ この曲は長い間「モルダウ」というドイツ語の名前で知られてきた。「ブルタバ」はチェコ語での呼び方。チェコを流れる「ブルタバ川」の流れを，祖国を愛する気持ちとともに表現している。このように絵画的・文学的な内容を音楽で表現したものを「交響詩」と呼ぶ。

② ～④ 自国の民族音楽を作品に取り入れるなど，祖国への愛を作品に表した作曲家たちを「国民楽派」と呼ぶ。スメタナもその一人。フィンランドの代表的作曲家シベリウスも，祖国を強く思う気持ちを込めて「フィンランディア」という交響詩をつくった。

❷ ② スメタナは，音楽の進行にともなって，ブルタバ川の光景が次々に変わる様子を，「森の狩猟」「農民の結婚式」のように，楽譜上に標題を付けて示した。どのような標題があるか，旋律とともに確認しておこう。

ボレロ

p. 55 Step 2

❶ ① 作曲者…**ラヴェル**
生まれた国…**フランス**
② ㋒ ③ ㋓

❷ ① **４分の３拍子**
② **スペイン**
③ **小太鼓(スネアドラム)**

❸ ① チェロ　② ピッコロ　③ トロンボーン
④ チェレスタ　⑤ ホルン
❹ ㋐ ○　㋑ ×　㋒ ○

考え方

❶ ❶ ❷ ラヴェルはいろいろな楽器を組み合わせて色彩豊かな音楽をつくり,「オーケストラの魔術師」と呼ばれた。ロシアの作曲家ムソルグスキーのピアノ曲「展覧会の絵」をオーケストラ用にアレンジしたことでも知られる。

❸ この曲は，当時の有名なバレリーナの依頼で，バレエ音楽として作曲されたものである。

❷ ボレロは，18 世紀末にスペインで流行した 3 拍子系の舞曲である。ラヴェルのこの曲は，全曲を通して小太鼓がリズムをきざみ，それに乗せてオーケストラの鳴らす楽器の種類が少しずつ変わり，音も大きくなっていく。

❹ この曲では，小太鼓が一定のリズムを一定の速度で演奏し続ける中，２つの旋律が交互に現れる。また，曲全体は最後に向けて一つの長いクレシェンドで演奏され，途中で強くなったり弱くなったりという変化はない。大変ユニークな構成の楽曲である。

尺八楽「巣鶴鈴慕」

p. 57　Step ❷

❶ ❶ ㋐　❷ ㋐　❸ ㋒　❹ ㋑　❺ ㋒　❻ 歌口　❼ ㋐
❷ ❶ メリ　❷ カリ
❸ ㋐ ×　㋑ ×　㋒ ○　㋓ ×　㋔ ○　㋕ ○

考え方

❶ 江戸時代,「虚無僧」と呼ばれる僧侶たちが，修行のために尺八を吹きながら托鉢（お金やお米などの寄付を集めること）をして，諸国を巡っていた。この縦笛の「尺八」という名前は，昔の長さの計り方で「一尺八寸」の長さ（約 55cm）であることからきている。

❷ ❶ ❷ 尺八は，少ない指孔でたくさんの音を出すためにさまざまな奏法がある。あごを引いて下唇で歌口を狭くして音高を下げる奏法を「メリ」と呼ぶ。また，あごを出して歌口を広く開けて音高を上げる奏法を「カリ」と呼ぶ。ほかにもいろいろな奏法がある。

能

p. 59　Step ❷

❶ ❶ ㋑　❷ 観阿弥, 世阿弥　❸ 足利義満
❹ 漢字…面　読み方…おもて
❺ シテ　❻ ワキ
❷ ❶ 謡　❷ うたい　❸ 地謡
❹ ① ㋓　② ㋒　③ ㋑　④ ㋐
まとめて…四拍子（囃子）
❸ A…㋒　B…㋑　C…㋐

考え方

❶ 室町幕府の第 3 代将軍足利義満が，能を大成した観阿弥・世阿弥親子の保護者になり確立，確固とした総合芸術になって現代にまで続いてきた。主人公役は能面を顔にかけて演じる。

❷ 能における声楽のことを「謡」という。「謡」をグループで演奏する人々を「地謡」と呼び，通常は 8 人で構成される。伴奏に使われる主な楽器は 4 つある。太鼓，大鼓，小鼓，笛（能管）である。太鼓と大鼓は漢字がよく似ていてまぎらわしいので注意しよう。太鼓は「たいこ」，大鼓は「おおつづみ」と読む。

総合問題③(3年のまとめ)

p. 60-61 Step 3

❶ ❶ A…花　B…花の街　C…早春賦(そうしゅんふ)

❷ A…$\frac{2}{4}$　B…$\frac{2}{4}$　C…$\frac{6}{8}$

❸ 滝 廉太郎(たき れんたろう)

❹ ① 𝄿　② 𝄾

❺ ㋑　❻ ㋑　❼ [い]　❽ ㋐

❷ ❶ ① 記号…㋒, ハ短(調)

② 記号…㋑, ハ長(調)

❷ (例)同じ主音の短調と長調を行き来することで, 曲の雰囲気(ふんいき)が変化している。

❸ ❶ ① ㋐　② ㋕　③ ㋑　④ ㋒　⑤ ㋓

❷ 交響詩(こうきょうし)

❹ ❶ ㋑, ㋓, ㋕, ㋖(順不同)　❷ ㋒

❸ (例)拍(はく)と拍の間に微妙(びみょう)な間(ま)があったり, 声の高さをずり上げたりなど, 西洋音楽との違(ちが)いがある。

考え方

❶ ❶ A, B, C それぞれの歌詞を頭の中で歌いながら楽譜(がくふ)を見ていこう。

❽ 強弱記号 *mf* と 𝆒　𝆓 に着目しよう。

❷ ❷ 与えられた言葉を使って, この曲を知らない人に説明するつもりで書こう。

❸ ❷ 絵画的, 文学的な内容をもつ, 比較的自由な形式で書かれた大規模な管弦楽曲(かんげんがく)を, 交響曲(こうきょうきょく)と区別して交響詩という。

❹ ❶ 能(のう)で使う主な楽器は, 鼓(つづみ)の大小2つ(大鼓(おおつづみ)・小鼓(こつづみ))と, 能管(のうかん)という笛(ふえ), それと2本のバチでたたく太鼓(たいこ)がある。

❷ 能における声楽のことを「謡(うたい)」という。「謡」をグループで演奏する人々を「地謡(じうたい)」と呼び, 通常は8人で構成される。

❸ 西洋音楽との音色の違(ちが)いや, 独特の「間(ま)」を感じ取ろう。

音楽のきまり

p. 64 Step 2

❶ ㋔ → ㋑ → ㋐ → ㋕ → ㋓ → ㋒

❷ ㋒ → ㋐ → ㋑ → ㋓

❸

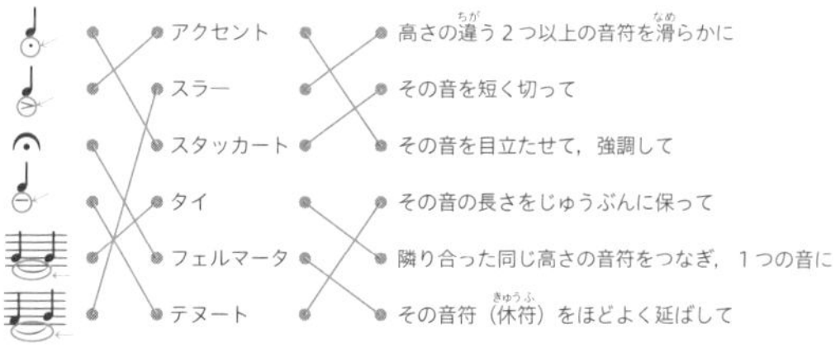

❹ ❶ ㋐　❷ ㋐　❸ ㋒　❹ ㋐　❺ ㋑　❻ ㋑

❺ ❶ 8(小節)　❷ 10(小節)

考え方

❸ ❺ ❻ スラーとタイは形が似ているので, 同じ音の高さをつないでいるか, 違(ちが)う音の高さをつないでいるかを注意して見よう。

❺ *D.C.* は「ダ カーポ」と読む。曲の始めに戻るときに使われる記号。*Fine* は「フィーネ」と読み,「そこで終わり」を表す。英語の finish にあたる。

D.S. は「ダル セーニョ」と読む。「𝄋(のところ)から」という意味。𝄌は, そこから後ろの𝄌までとばす(途中を省略する)記号。

① まずはテストの目標をたてよう。頑張ったら達成できそうなちょっと上のレベルを目指そう。
② 次にやることを書こう（「ズバリ英語〇ページ，数学〇ページ」など）。
③ やり終えたら□に✔を入れよう。
　最初に完ぺきな計画をたてる必要はなく，まずは数日分の計画をつくって，
　その後追加・修正していっても良いね。

目標

	日付	やること1	やること2
2週間前	／	□	□
	／	□	□
	／	□	□
	／	□	□
	／	□	□
	／	□	□
	／	□	□
1週間前	／	□	□
	／	□	□
	／	□	□
	／	□	□
	／	□	□
	／	□	□
	／	□	□
テスト期間	／	□	□
	／	□	□
	／	□	□
	／	□	□
	／	□	□

① まずはテストの目標をたてよう。頑張ったら達成できそうなちょっと上のレベルを目指そう。
② 次にやることを書こう（「ズバリ英語○ページ，数学○ページ」など）。
③ やり終えたら□に✔を入れよう。
　最初に完べきな計画をたてる必要はなく，まずは数日分の計画をつくって，
　その後追加・修正していっても良いね。

	目標

	日付	やること1	やること2
2週間前	／	□	□
	／	□	□
	／	□	□
	／	□	□
	／	□	□
	／	□	□
	／	□	□
1週間前	／	□	□
	／	□	□
	／	□	□
	／	□	□
	／	□	□
	／	□	□
テスト期間	／	□	□
	／	□	□
	／	□	□
	／	□	□
	／	□	□